陌生的好友

禮記

林素英 著

目錄

第二篇 孔門世界禮事多

第三篇 春秋人士論禮勤

【陌生的好友】

禮記

第四篇 直入禮儀探涵義

第五篇 規範理想一線牽

【目錄】

寫在《陌生的好友——禮記》出版前

本書是《甜蜜的包袱——禮記》的姊妹篇，也是《少年禮記》的增訂改版本。

首先要再度感謝顏崑陽學長在策劃編撰少年經典叢刊時，為時下冷門的《禮記》安插了一席之地，更感謝漢藝色研文化事業有限公司在一九九九年一月出版了《少年禮記》，讓國中生以上的有心人有緣認識這位古代讀書人的好朋友。

多年前早有南部朋友反應《少年禮記》購買不易，兩年多前也有北部朋友詢問《少年禮記》是否果真已經絕版，因此早有再版《少年禮記》的打算；只是一直抽不出時間處理有關再版之事宜。此次，正好因為偶然之機會，將於今年八月起，前往韓國啟明大學校講學一年，為了藉此因緣能將這位老朋友介紹給韓國朋友，於是正式安排《少年禮記》的再版工作。不過因為《少年禮記》的內容本來就是《甜蜜的包袱——禮記》的姊妹篇，所以想想，還是讓她們姊妹同住一家比較方便，於是將再版的事委託萬卷樓圖書公司處理，也可方便讀者購買。

此外，經過八年多的歲月，無論是姊姊、妹妹，抑或是「少年」們，也都有所成長了，所以再版的《少年禮記》已經不再只是原來的《少年禮記》，而是內容增加近乎一半的增訂版，也對原書作了一些修訂的改訂本。希望重新增訂改版後的《陌生的好友——禮記》，還能受到舊朋友、新朋友的喜愛，共同為逐漸式微的禮學文化，點上一支小小的燭火！儘管燭火微弱，然而匯聚眾多的燭光，也可以形成一處可觀的光源，為日漸黯淡的社會增添一線希望！

原版的《少年禮記》，在導讀篇之外，共收有五十則短文；增訂改版的新作，則分別在原來的四篇卷中，總計添加二十一則新內容，且每則的篇幅大都比原來的篇幅稍長。其中的〈人死留名〉則以較詳細的資料，取代原來的〈名至而實歸〉，因此改版後四大類篇的文章共有七十則。新增加的內容，仍繼承原書的選錄原則，以故事為大宗，因為故事總是不嫌多，所以讓大家再多看看有關孔門及其他春秋時期的名人故事，也可增廣見聞。此外，有關禮儀涵義的部分也增加很多，畢竟《禮記》的主體思想很多就是源自禮儀而來。過去因為將介紹的對象設定以國中生為主，因此禮儀涵義的部分大多點到為止，利用此次增訂的機會，增加不少相關介紹。其中還增加一篇來自《大戴禮記》討論胎教的內容，正好說明《大戴禮記》與《禮記》的密切相關。另外，因為上學期一女中的人文資優班英語組師生來採訪有關「孝女白琴」的問題，所以特別加入兩篇有關喪禮中哭的問題討論，對於「孝女白琴」以及民俗「做功德」等經常受人詬病的事，作了一些簡短的說明。至於有關規範與理想的部分，則因為篇幅的關係，增加較少。

由於增訂改版之內容以及篇幅，已經和《少年禮記》大有不同，也為了避免以《少年禮記》為名，容易使人誤以為只是少年讀物，於是改以《陌生的好友——禮記》為名。本來正常狀況下，「陌生」與「好友」是不太可能連結在一起的，不過對比《禮記》的今昔狀況，《禮記》目前的處境卻相當切合這種奇特的怪現象，於是將「陌生」與「好友」連結，成為「陌生的好友」。希望藉由此一「特別連類」的新書名，可以彰顯《禮記》從古代讀書人的好朋友，一降而被現代讀書人視為陌生人的強烈對比，而引起社會大眾的注意。更希望此處所彰顯的特殊現象，在引起大家的注意後，現代的讀書人能進而願意重新關心這位老少咸宜的老朋友。

俗話說得好，朋友是老的、舊的好！《禮記》正是這種典型的好朋友！這位老朋友可以提供大家豐碩的生命智慧，就怕大家一再地背棄這位老朋友、好朋友，遲遲不肯回過頭來！

這位老朋友的好，正需要眾多的現代新朋友伸出手來和它結交，才有可能慢慢體會它的好！現代人假如不知道和《禮記》交朋友，將是現代人極大的損失，也會成為現代人生命中的極大遺憾！同時也將與締造有理序的理想社會絕緣！

別再遲疑，也別再猶豫了，趕快來認識這位陌生的好友吧！

原《少年禮記》序　構築理想的國度

一提到故事，無論男女老少，人人都喜歡聽；尤其是對於一些知名人物的故事，更是覺得有興趣。於是，我們特別挑選了一些發生在歷史名人身邊，有關於他們論禮、行禮的故事，讓大家從實際的故事中，瞭解禮儀的安排和設計，原是和我們的生活息息相關，它不但切合人情，而且還包含有深遠的社會教育意義。

可不是嗎？看著孔聖人動情的一些小故事，讓我們瞭解孔子是個富有深情的性情中人。看著孔門師生間的相處，讓我們可以感受何謂師生情深，也可以理解什麼是朋友相責以善、什麼才是彼此真正的關懷。看著有子對於斷章取義者的質疑，讓我們知道什麼才是懂得聽話而不失禮（理）的行為。原來，禮，不是別的；它只是合乎人情、順乎理序的行為！

另外，著名的太子申生的「愚」故事，你曉得懂禮的人怎樣評論這件事嗎？

你曉得重耳不願回國爭位的仁厚事蹟嗎？你曉得郲婁定公處理逆倫兇案的妙法嗎？你曉得以勤儉聞名的晏子，他是真吝嗇，還是能知禮行禮？你曉得太宰嚭以禮退吳軍的動人表現嗎？你知道多少求雨的方法？你又懂得怎樣在讚美之中隱含規勸別人的用意嗎？透過諸如此類的故事，你將可以發現「禮」的問題是環繞在我們身邊的。

讓我們一起來看看這些《禮記》中的故事，也試著多多想想故事中的意義吧！

以前，《禮記》是每一個讀書人必讀的一部經書。因為這部書中，除了記載禮事、說明禮義以外，還記錄了許多做人做事的原理原則，並且還有許多關於日常生活中可供遵循的行為規範，不但提供了培養良好品德的途徑，也塑造了立身處世的理想風範，同時也呈現了理想國度的藍圖。諸如此類寶貴的材料，都是前人生活體驗的累積，更是先賢運用智慧、努力思索的結晶，它不但凸顯了我國人文思想的特色，也說明了「禮」在傳統文化中屹立數千年的原因。

現在，由於生活型態的大幅變革，要求迅速、便捷、簡單、易懂，已經成為資訊傳播能不能普遍流傳的重要關鍵，而古代文言文的表達方式，因為讓很多人產生閱讀的障礙，所以造成了現代人對於古代經書，總是抱持著望而卻步的態度；再加上談「禮」的文章，總是比較容易讓人感覺枯燥乏味，所以更無法深入其中而體會、運用先賢智慧的結晶了。

但是，在這種「速式」文化的帶動下，隨著科技的發展，是促成了經濟起飛、社會繁榮與資源的富足，不過隨之而來的，卻是社會風氣的奢靡、唯利是圖的走向，在道德淪喪、人性墮落的情況下，處處顯得雖享受卻並不快樂、雖富裕卻並不安寧，即使環繞於青少年四周的，也並不是單純而免於不安的環境。

所以，道德人心的挽回，社會秩序的重建，都是目前社會大眾關心的重點；重新擁有誠懇勤奮的處世態度、和諧安詳的人際關係，更是民心的一大希求。這些現代人失落的特質，正是我們舊傳統禮教中所極力培育涵泳的。因此，我們有責任也有義務讓大家多多熟悉「禮」的精神和意義，知道「禮」不是禁錮人心的枷鎖，而是維繫社會秩序、穩定道德人心的力量，才能進而願意知禮行禮。

為了讓「禮」能順利地進入現代人的生活領域，首先要為《禮記》做清除文字障礙的工作，於是我們透過淺近的白話文，將選文的意思融入每篇的主題之中，再加上適度的闡釋分析，使大家能確實明瞭其中的意義。因此，第一階段，我們主要選擇介紹書中的短篇名人故事，做為探討全書意義的入門工作，然後再稍微提及禮儀的涵義，並抽樣式地說明規範的意義，最後則呈現出理想的國度，使大家對於《禮記》能有個大體的瞭解。

希望《禮記》中有「理」而有「禮」的理想國度，能激起大家追求理想的憧憬，更能付諸實際的行動，為實踐理想而努力。

第一篇

導讀篇

導讀

認識陌生的好友《禮記》

導讀：掀開面紗看《禮記》

自漢代以來，《禮記》就是讀書人的好朋友；只是兩千多年後的現代讀書人，雖然知道這位古代讀書人的好友名字，卻多半不知道這位老友到底有什麼法寶，為什麼它對古代讀書人那麼重要。因此，就讓我們先掀開它那被歲月不斷掩蓋的古老面紗，來認識認識這位陌生好友的廬山真面目吧！

要認識這位陌生好友的廬山真面目，最起碼有三步曲。首先，當然要先知道這位老友是怎麼形成的；其次，再看看它的內容到底有些什麼，又有什麼價值；最後，當然就要知道如何和這位陌生的好友結交了。

來吧，現代人！就讓我們一起來認識認識這位陌生的好友，從它身上吸收一些日月光華，增長一些智慧和功力吧！

一、《禮記》的形成過程

要先知道這位老友是怎麼形成的，當然就得話說從頭，從「禮」的觀念從何而來說起，然後再看看它是歷經怎樣的過程而「出生」的：

㈠「禮」的觀念

人，是一種群居的動物，由於要求生存，所以很早就懂得互相幫助，而有了家庭組織。人類為了增加對抗自然災害的能力、改善生存的條件與環境，更需要結合群體中每一分子的力量，以造福自己與其他廣大的群眾。由此可見群居共處的生活方式，就是人類在物競天擇的挑戰下，自然形成的合理生活型態。由於要發展力量，於是在家庭組織以外，還形成了更大的社會與國家的群體組織。

生活在同一個團體裡的人，由於朝夕相處，自然會產生情感，然而由於彼此相處的久暫各有不同，因此情感的深淺厚薄、血緣關係的親疏遠近也各有差異，所以人與人之間的關係就非常錯綜複雜了。雖然群居生活的目的，本來在於透過互助合作的方式，以謀取更好的生活，但是因為彼此的關係複雜，由相處而產生的摩擦與糾紛，也就不可避免了。為了維繫團體生活的順利進行，並且為了能增進彼此相處時的融洽，因而群體間就必須具有一些共識，共同遵守一些原則。

起初，這些共識與原則，雖然也深合民心的要求，然而由於它只是一些抽象籠統的概念，所以在人群的實際往來經驗中，未必能產生多大的效果。不過後來因為一些聰明睿智的領導者，深深瞭解這些道理的重要，於是特別加以強調，並設法使這些抽象的原則落實為具體的規定，並且加以普遍推廣。於是原先那些模糊的概念，在人類的生活中，就產生了維持與鞏固社會秩序的實際效果。

這些抽象而籠統的原則與共識，就是「禮」的觀念。當這些觀念被具體化，成為個人的生活規範、形成群眾共守的社會秩序時，接著就會有各種專門禮儀的訂定。把這些禮儀的內容一一地記錄下來，就成為《禮經》。當「禮」的觀念被用為訂定社會制度的藍本、成為制定國家組織的原則時，就成為政治規章與禮儀制度中的根本精神。至於把這種理想的社會、國家制度一一地條列出來，就成為

《周禮》。可知小自個人修身的做法，大至治國、平天下的道理，都隸屬於禮的範疇，因此孔子要說：「不學禮，無以立。」意思是說不學禮，就無法明理，也就無法立足於社會、國家。由於禮的內涵深遠、外延廣泛，因此為了理想的目標可以達成，所以就透過《禮經》中各種固定的儀節秩序，使人們能在生活中，習慣於遵循各種建設性與限制性的要求。如此一來，就可以發揮禮的實用功能，進而才能實現有「理」且有「禮」的理想社會狀態。

(二)《禮記》成爲定本

到了漢代初年的時候，僅存的《禮經》(或稱《禮》、《士禮》)只剩下高堂生所傳的十七篇禮文資料。這些禮文資料中所記載的內容，都是一個人一生當中正式而重大的典禮儀式，具有一定的儀節秩序，並且各有固定而專門的用途，由於篇目中兼含有「禮」、「儀」等名稱，因此後來稱它為《儀禮》。然而這些禮儀的秩序單，由於時代的變革，與後代的生活已相隔十分遙遠，因而後來的人實在無法確切理解那些揖讓進退的儀節到底具有什麼用意，所以必須借助一些說明與闡述禮義的文字，才能徹底明瞭古代禮制訂定的精神與用意，於是《禮記》的彙編成書與成為定本流傳後世，就發揮了這方面的功能與價值。

綜觀《禮記》成為定本的經過，則可以分為以下四個階段：

1. 附經而作：最初是閱讀《儀禮》的人，在心領神會之餘，有所感發，於是隨手把意見附記於經文之後，成為「記」文的形式。

2. 單獨成篇：由於《儀禮》每篇後面的空間有限，前人既然已經佔有了餘簡，因此後人只好另行找尋書寫的空間，於是「記」文由以往的附於經文之末的型態，演變為單獨成篇的模式。單獨成篇後，由於書寫的空間不再受到限制，所以不但數量增多，內容也擴大了範圍。

3. 各編成書：由於戴德、戴聖分別在學官講授《儀禮》，因此各自根據散篇的禮文資料，編成《大戴禮記》八十五篇、《小戴禮記》四十九篇，成為輔佐教學的參考書籍。

4. 成為定本：鄭玄跟隨馬融學習《小戴禮記》，並且替它作注，於是《小戴禮記》成為定本。更由於漢靈帝刻熹平石經時，這部書被列為七經之一，因而可以一直流傳到現在。唐太宗時，孔穎達奉命編撰《五經正義》，就獨取《小戴禮記》省稱《禮記》，於是《禮記》的名稱成為《小戴禮記》所專用。《大戴禮記》則由於缺乏大儒替它作注，因此流傳不廣，而且由於亡佚過多，以致比較不受人重視。

二、《禮記》的內容和價值

知道這位陌生好友的出生過程後，當然就要大略理解它的法寶有哪些，有些什麼價值，古代的讀書人為什麼非得和它結交朋友不可。以下就從這兩方面來個粗略的認識：

㈠《禮記》的內容包羅萬象

對照上述《禮記》成為定本的四個階段來看，可以知道今本《禮記》的內容相當駁雜。它是孔子的後學專門記錄有關禮事資料的叢編，並非成於一時一人之手。由於早期的「記」文採取附經而作的形式，因此《禮經》的內容自然是當時學者議論的主要依據，「記」就是用來說明經文的禮義，或是補充禮文的不足。

不過，當《禮記》進入單獨成篇的階段時，則由於所記的內容不再依附於《禮經》之後，因此討論的主題也隨之擴大，只要是與禮事有關的論題，都可以加以採收；甚至是過去的禮制曾經由於某些因素而產生的變革，都可以把它列入紀錄；或是某些人行事執禮的情形能切合禮義、或者有所偏差時，也都可以透過記事的方式記錄下來，成為後人行禮時的參考。

由於《禮記》的來源多端，因此也記錄了許多古代社會的文化現象，提供了研究古代社會文化史的豐富材料。至於二戴各自選編記禮的書籍，經常可以看到拼湊主題相近的短文以成篇的現象，主要是針對彼此的教學需要，方便自己講學為主，兩人的著重點並不一致。

今本《禮記》共有四十九篇，總計九萬多字。但是由於〈曲禮〉、〈檀弓〉與〈雜記〉三篇的篇幅過長，因此這三篇各分為上、下篇，所以其實只有四十六個篇題。全書大致可以區分為通論禮意、通論與禮有關的學術思想、記錄一般生活規範的禮儀、記錄理想的國家政令制度、還有專論各種禮儀（冠禮、昏禮、喪禮、祭禮、鄉飲酒禮、射禮、燕禮、聘禮）涵義的篇章，另外還有一篇有關投壺禮的記錄。

㈡研讀《禮記》的價值

「禮」具有指導生活規範、維繫社會秩序的功能，是傳統文化中影響人民生活以及意識型態最密切的項目。由於《儀禮》、《周禮》和《禮記》「三禮」的會通在於《禮記》，因此研讀《禮記》，就可以幫助我們掌握禮的精神價值，並且藉以明瞭古代禮制何以能成為我國傳統文化的主體思想，又何以能影響人心數千年的原因。以下就分別述說研讀《禮記》的不同價值：

1.明瞭儒家思想脫穎而出的道理

我國自從漢代以來，就一直尊奉儒家思想為中國學術文化的中心。雖然號稱儒家經典的，還有重要的「十三經」可供查考，然而其中能以直接的方式陳述儒家學術思想的，則只有《論語》、《孟子》、《孝經》與《禮記》。不過由於《論語》多為孔子與弟子的言談紀錄，因而其中的內容，較偏重於生活的實踐；至於《孟子》，則由於夾雜很多孟子的滔滔雄辯，因而對於儒家的學術理論，也比較難有整體性的闡述；《孝經》雖然能有系統的闡發儒家注重孝道的思想特色，然而終究是偏重一隅，而無法含括儒家的整體思想。

將儒家典籍比較之下，《禮記》所載有關儒家學術理論的直接說明，在儒家的代表經典中，要算是資料最豐富的了。因而要研究儒家的學術理論，《禮記》是非常重要的一部典籍。同時，由於《禮記》屬於叢書的性質，全書蒐羅的範圍廣泛，包含春秋戰國以來重要儒者對於禮義思想的論述，對於發揚人類理性、促進社會倫理以及實踐王道政治的理想，都有闡發之功能，是總結先秦儒家思想的重要典籍。

要明瞭先秦時期儒家思想的遺跡，《禮記》是最好的線索所在；要明瞭漢代以後儒家取得文化主流地位的理由，《禮記》更是最好的資料來源。

2.明瞭聖人立禮的原意

聖人設立與推動禮儀制度，主要的目的在於企求國家能達到長治久安的地步，因為「禮」具有建立適當的行為規範的功能，也有事先預防紛亂敗患發生的作用，所以倘若能切實實踐「禮」的行為，那麼將可以使社會安定、國家長治久安。然而由於時代各有異同，因此各代所施行的禮制也各有因革，所以夏、商、周三代的禮制，雖號稱一系相承，但是卻又各有損益，可見禮儀制度是具有時代性的，會隨著時移事變而調整內容。

不過，儘管禮儀的形式會變，但是貫串其中的精神和用意，卻是亙古不變的，因此如何深入禮儀之中所蘊涵的義理，才是探討「禮」的根本重點，所以具有會通禮意作用的《禮記》，在探求禮義的地位上就愈形重要了。

經由〈禮運〉、〈禮器〉、〈郊特牲〉、〈經解〉、〈哀公問〉等五篇，可以明瞭儒家對於禮的大體主張。從〈學記〉、〈樂記〉、〈仲尼燕居〉、〈孔子閒居〉、〈坊記〉、〈中庸〉、〈表記〉、〈緇衣〉、〈儒行〉、〈大學〉等十篇，可以提煉儒家對於禮的學術理論。從〈檀弓〉上下、〈曾子問〉、〈喪服小記〉、〈大傳〉、〈雜記〉上下、〈奔喪〉、〈問喪〉、〈服問〉、〈間傳〉、〈三年問〉、〈喪大記〉、〈喪服四制〉等十四篇，可以明瞭喪禮制度的意義。從〈祭法〉、〈祭義〉、〈祭統〉等篇章，可以明瞭有關祭禮的意義。另外，從〈冠義〉、〈昏義〉、〈鄉飲酒義〉、〈射義〉、〈燕義〉和〈聘義〉等直接解釋各種專門禮儀的篇章，更有助於掌握聖人制禮的原意。

3. 明瞭生活規範的意義以建立理想的人生

由於社會型態的急劇改變，個人要想保有適當的生活意識和理想已經相當不簡單，至於要建立共同的社會價值觀與道德意識就更加困難了。追溯其中的根本原因，就在於家庭教育的瀕臨破產，年長的一輩早已不知道應該拿什麼來教導年輕的一代，也無法提供適當的人生理想情境來指引晚輩，因而導致現代的新新人類普遍缺乏正確的生活習慣，更少有健康合理的人生指標，處處表現容易衝動而不知自制、自私功利而不懂得關懷別人、追逐聲色享樂而不願辛勤耕耘等特質。

然而檢視《禮記》所記載的，如〈曲禮〉、〈文王世子〉、〈內則〉、〈少儀〉等篇，就記載有豐富的家庭教育資料；〈月令〉則能配合一年的節候變化，而做適當的事務規畫；〈王制〉更具有實施王道仁政的理想雛型；〈大學〉教人要以格物致知做為客觀處事的基礎；〈中庸〉教人至誠可以盡性、可以參贊天地之化育的道理。可知小自瑣碎的日常生活行為規範、個人思想品格道德的培養，大而至於如何建立社會秩序與道德價值觀、如何訂定國家的體制規模，從《禮記》的篇章中，在在都有詳細的紀錄足供參考，對於架構理想的人生境界、塑造合理的社會制度、建設良好的國家體制，都有不可磨滅的價值。

雖然古今的社會狀況已多有改變，然而對於基本的生活規範、行為準則、人生理想的確立、社會道德的發揚、價值觀念的凝聚與建設國家的理想規模，儘管在枝節上難免會有差異，然而人同此心、心同此理的根本義理，終究有它亙古不變的道理。要想重新發揮家庭教育的功能，協助個人達到理想的生命情境，《禮記》可以提供充足的資料。

三、與《禮記》交朋友的建議

大略理解《禮記》這位陌生好友的內容和價值以後，我們總不能只聽別人說說而已，而必須自己也真的來與它直接交朋友，才能確實了解這位陌生好友對自己的意義何在。不過因為這位陌生好友的年紀太大了，法寶又太多了，假如不得其門而入，還是沒辦法和它交心，而成為好朋友的。

今本《禮記》大約有九萬多字，由於是叢書性質，因此各篇的體例不一，其中有的是長篇的論述文字，有的是一小段一小段的禮事記載或人物事蹟，同時也夾雜有上古以來民情風俗的紀錄。正因為全書當中有文字淺顯易懂的，也有艱深冷僻的部份，所以對於《禮記》這位老朋友還很陌生的人，或者關心生命成長、茁壯，以至於想要開創理想人生的有心人士而言，應講求一些交友法門。在閱讀這樣駁雜的一本叢書，接觸這位古代讀書人的陌生好友時，我們建議能注意以下的要點，才能更有效地把握全書的精義，也與它結交為好友：

(一)從易懂有趣的篇章入手

本來，閱讀任何一部書籍，首先將全文瀏覽一遍是必要的。但是由於《禮記》的原文過長，其中又夾有艱深的內容，惟恐一開始就造成許多挫折感，而降低繼續閱讀的心意，因此建議讀者先行閱讀〈檀弓〉中的短篇故事，透過古人一些與禮有關的故事，瞭解「禮」不但是很富有人情味的，而且和我們的生活還息息相關呢！尤其孔子和他的弟子，以及春秋時期的一些著名人士，很多都是我們似曾相識的人物，看看發生在他們身邊有關禮的故事，更會讓人覺得禮是親切不隔、活潑而有味的。

看孔子的動情，可以瞭解孔子的深情，更可以點點滴滴地顯出他的真性情；再看看孔子的一些知名弟子，雖然他們的個性各有不同，彼此處世的方法和作風也相異其趣，但是從他們發生的小故事中，倒可以更真實地認識他們有血有肉、富有人性的一面。從他們師生的相處與弟子間的互相來往，可以感受何謂師生情深，也可以看到同學之間相互責善的真心，更可以體會什麼是真正的關懷。看了這些，你將會深深地感覺自己置身在一個有情的溫暖世界之中！

看著黔敖的「嗟！來食！」，你或許能想像什麼是「我不殺伯仁，伯仁因我而死！」的永遠遺憾吧！看著申生的愚忠、愚孝，不禁要讓人大罵獻公「你這個國君、父親是怎麼當的？」看著重耳不願趁著獻公死亡的時機回國爭位，倒可以感受畢竟人間還有仁厚的人！看著柳莊適時地讓衛獻公懸崖勒馬，你可以知道什麼叫做「臣事君以義」！看著衛獻公祭弔柳莊這位社稷之臣的一幕，你可以瞭解什麼是「君臣有義」！看著郲婁定公把發生命案的現場變成臭水塘時，你大概會拍手大說「做得好！做得妙！」了。諸如此類的動人故事，可以讓人深深感受「禮本於人情」的道理。

期望從這些富有人情味的小故事，能引發各位閱讀《禮記》的興趣，總要先對《禮記》產生興趣，願意時時去翻翻它、讀讀它，借助清晰的語譯和詳盡的闡釋、解析，而多多思考其中深藏的道理，久而久之，原先難讀之處也可以轉而成為容易的了。至於中國文化的主體思想也可以在深潤浸漬、耳濡目染的經驗中，流入現代人的血脈之中，提供每個人立身處世的衡量準則，也成為自我樹立理想生命境界時的參考。當傳統的文化在加入新生命、新血輪的努力後，將能開發新的契機，擔負起文化薪傳的神聖使命。

(二)從人生的重要禮儀活動而探討其立禮的原意

任何禮文制度的設立，都有它設立的背景與需要，制定與實行以後，也必然產生過特定的社會價值。儘管禮文的外在形式會隨著時代的轉移而有所演變，有些甚至於會因為古老的形式過於僵化而廢棄不用，然而經由這些演變的軌跡，反而可以體會訂定禮制必須注重稱情、合時、明體的根本原則，從而可以發現、理解聖人立禮的原意，原本在於希望「禮」的精神能對人文世界保留永恆的價值。

因此，從男女出生後的是否舉行射禮，可以看出古代對於男女生命的期許各有不同。從命名的禁忌，可以看出古人對於「人不可妄自尊大」的重視。從冠禮的舉行，可以知道怎樣才是個成年人。從古代的昏禮，可以感受它對於婚姻觀念和家庭責任的注重遠遠超過現代。從喪禮中的大斂與陪葬，可以感受生者對死者的關懷。從「祭神如神在」而感覺親人彷彿降臨享受祭禮，可以慰藉生者思親的情懷。從全民狂歡的蜡祭，可以體會生活需要一張一弛相互調劑的道理。透過諸如此類抽樣式地說明，可以啟發讀者日後自行閱讀《禮記》時，探索禮義可以依循的途徑。長此以往，就可以透過不斷地思考與揣摩，逐漸掌握各項禮制儀節設置的原意，更進而明瞭「禮」對於維繫群體秩序、和諧社會發展、強化國家組織、創造生命更高的理想，都具有積極的價值。

㈢從生活規範的意義來思索理想國度的可能

人，總是受著理想的牽引，而使得我們的生活過得更有活力和希望。因此凡是能提供理想情境的資源，就應該多多給予關注，以便能從中吸取經驗，來塑造自己或社會國家的理想。

由於《禮記》的內容包羅萬象，因此在豐富的禮的小故事、禮儀涵義的探索之外，其實還包含了很多領域，尤其書中提到很多有關於如何建立生活規範與理想國度等問題，對於決定一個人日後的生活方式和品質，都有重要的相關，值得做進一步的涉獵。此外，因為《禮記》還是儒家的理想國，所以假如能透過書中的內容，勾勒出規範的意義和理想的雛型，對於發揚儒家重禮的最高精神，樹立人生的理想境界，都具有提綱挈領的作用。

不過，為了要達到理想的狀態，受到適度的規範與節制就更是必要的了。能遵守這種規範與節制，才是合乎「禮」的精神實踐，也就是人與禽獸的分別。當我們知道人與禽獸的分別，在於有沒有合乎「禮」的行為、講不講道理的時候，就可以理解在人生的旅途上，由於人事的複雜，存有禁忌是無法避免的。懂得哪些是禁忌以後，也才能活得更安穩。

同時，為了使自己能活得更自在、更有品質，設法改變自己昏昧、柔弱的一面是必要的，要求意誠心正而不自欺也都是應該的，另外，為自己樹立生命的楷模更是有必要的。能好好裝備自己的才能以後，推而廣之，就是希望自己所處的家庭與社會，也能呈現一片祥和，於是孝道的提倡和推廣，就是人生理想境界的另一訴求了。然而生命的活動範圍，是不會甘於小小的社會組織就滿足的，而是希望能運用更穩固的維繫力量，來建立一個可能的理想國。因此，理想國的達成，就是人生更高層次的境界了。

本書的第五篇，就是透過幾個小節的貫串，希望能提出從建立規範到成為理想國的可能途徑，期望各位讀者也能依循這種方式來讀這本書，那麼這一本書就能顯現出它對於追求理想生命情境的價值與意義，而不是一堆陳年無用的廢紙。《禮記》的價值與意義，正等待有心人來共同開發、努力實踐！

第二篇

孔門世界禮事多

孔子既得合葬於防，曰：「吾聞之：古也，墓而不墳①。今丘也，東西南北人也，不可以弗識②也。」於是封之③，崇四尺。孔子先反，門人後。雨甚。至，孔子問焉曰：「爾來何遲也？」曰：「防墓崩。」孔子不應。三。孔子泫然④流涕曰：「吾聞之：古不修墓。」

——〈檀弓上〉

註釋

①墳：墓穴用土填平後，再用土堆高而成爲墳。

②識：通「誌」，「記」的意思。

③封之：封，積土。就是在填平的墓地上堆土。

④泫然：泫，音ㄒㄩㄢˋ，流淚的樣子。

孔子修墓

孔子由於年紀很小的時候，父親就去世了，因此對於父親棺木下葬的詳情並不很清楚。母親去世後，由於想把父母親合葬，還頗費了一些功夫，才得知父親在「防」這個地方安葬的細節，折騰一番以後，才把父母合葬在「防」這個地方。

由於古代的墓地只把墓穴用土填平而已，並沒有在墓地上堆積高土，所以時間久了，就很難記憶墓穴的確切位置，即使有心想要再到墓地來憑弔思念親人，也很難如願。因此，孔子認為自己一年到頭經常在外奔波，不能不在墓地上做點記號，以便將來容易辨認，於是孔子就在墓地上堆高積土，達四尺之高。由於有弟子們幫忙修整，所以把墳堆高以後，孔子就先行回家了。不料，下了一場大雨，把防地的墳墓沖塌了，因此，孔子的學生又花了一段時間來做修墓的工作。弟子們回去後，把這個消息向孔子報告，但是孔子沒有反應，弟子們一連說了三次，孔子再也按捺不住了，終於傷心地流下眼淚，也深切地體悟到古代不需要修墓是有道理的。

從孔子修墓築墳的事，我們可以很清楚地看到事情往往都是利害參半的：古代有墓而無墳，雖然時間一久，就有不容易辨認的缺點，但是，只要將靈柩放入墓穴，再把土填平以後，死者就可以入土為安，也不必擔憂墳墓受到風雨的沖刷、侵襲而倒塌，自然也沒有修墓的需要了。後來，在墓地上堆土為墳，雖然目標是顯著了，也確實可以改善墓地不易辨認的缺點，不過，這高高築起的墳，在當時的建築技術並不普遍良好的情況下，就無法避免會遭受風雨的侵蝕破壞，不但經常會有修整墳墓的需要，而且每一次墳墓的受損，對於為人子女的心靈，更是一次次平添傷痛與難過的折磨，這就難怪古代只有墓而無墳了。

古人在衡量有墳、無墳的利弊得失以後，在當時築墳技術還不很進步的情況下，做出有墓無墳的決定，確實是謹慎而合理的措施。孔子雖然基於一片孝心，也不得不感慨良深地承認古代禮制的設想是十分周密的。

孔子哭子路於中庭①。有人弔②者，而夫子拜之。既哭，進使者而問其故③。使者曰：「醢④之矣！」遂命覆醢。

——〈檀弓上〉

註釋

①哭子路於中庭：子路在衛國當邑宰，在內亂中死難。孔子爲子路在正室的前庭準備了祭奠的几案，表示和死者有親密的關係。

②弔：弔祭。

③故：指死難時的情形。

④醢：ㄏㄞˇ，本爲「肉醬」；此處當動詞用，代表「被斬成肉醬」的意思。

孔子不忍看到肉醬

子路是孔子的得意弟子，經常跟隨在老師的身邊，然而因為個性剛強耿直，常常讓孔子為他感到擔心，也時常惹得孔子要當著子路的面，說他「好勇雖然遠超過自己，可惜就是無法裁度事理」，更要在子路洋洋得意時，不忘記潑冷水地說：「只知道赤手空拳地打虎、不搭乘舟船而冒險泅水過河的人，我孔丘是不會和他在一塊兒的。」子路這種為人爽快、講求義氣，生性武勇剛強的性格，孔子是瞭若指掌的，因此雖然孔子曾經對他進行多次的當頭棒喝，無奈還是難逃先前對子路「不得其死」的預言。

當衛國發生內亂的消息傳來，孔子早已預知子路是難逃一死的。雖然孔子和子路並沒有親屬關係，但是對於子路這個性情中人，孔子對他實在關愛有加，師生的情誼非常深厚。因此，當子路死難的消息傳來，孔子還特別為子路在自家住宅的庭院準備了哭祭的位置，並設有祭奠的几案，還以代替喪主的身分，接受別人的弔祭，也向前來弔祭的人答拜回禮。當弔祭完了以後，還特別請進那位前來通知子路死難消息的使者，詢問當時的實際情形。當使者告訴孔子，子路幾乎被剁成肉醬的時候，孔子傷心地立刻吩咐人把家裡的肉醬倒掉，不忍心再看到肉醬。

舉辦喪禮，最重要的，就在於生者對於死者是否有深厚、悲傷的感情，因而孔子與子路雖然沒有親屬關係，但是由於師生具有濃厚的情誼，已足夠孔子特別為子路設立哭奠之位了。尤其在得知子路幾乎被剁成肉醬時，孔子很激動地立刻倒掉肉醬，不願再看到與肉醬相似的東西，以免觸景生情，再度勾起哀傷的心情。世人倘若也能發揮這種不忍人的仁厚情懷，人間必定更有人情味，也更加溫暖了。不過，在充量發揮仁德之情的同時，卻也不能忘記感情雖深，然而又不能有違於理，因此，注意分寸的拿捏，就是非常重要的了。也就是說，喪禮雖以表達哀傷的感情為主，但是由於人情有親疏遠近的分別，所以不可不做適當的區分，因此孔子雖然關愛子路，但是哭位也只能設於中庭，而不能設在廳堂之上，這種人間的理序，還是不可以輕易踰越的。

伯高之喪，孔氏之使者未至，冉子攝①束帛乘馬而將之②。孔子曰：「異哉③！徒④使我不誠於伯高。」

——〈檀弓上〉

註釋

①攝：指冉有未經過孔子的委託，而自作主張代替孔子打點一切。
②將之：奉命行事。
③異哉：表示不敢苟同的意思。
④徒：徒然。

遺憾的喪贈

伯高死在衛國，孔子當時正在魯國，得到消息以後，就派人前往贈送物品。孔子派去的人還沒有到達，冉有已經以孔子的名義，代為贈送喪家一束布帛和四匹馬。孔子知道這件事以後，對學生冉有的自作主張頗不以為然，認為這麼一來，徒然使自己喪失了對伯高表示哀悼的誠意，實在是一件令人覺得遺憾的事。

喪禮的饋贈，要能配合彼此情誼的厚薄，而不是專為填補表面形式的需要；彼此之間有怎樣的情感，就該有怎樣合適的表示來表達這份哀悼之情。冉有雖然可以說是基於學生應該為老師服務、代勞的美意，但是，由於事先並未向老師報告，也沒有徵求孔子送禮的意見，在無法明辨老師與伯高交情的深淺厚薄之下，自作主張地代送贈物，所贈送的禮品自然很難稱情達禮，也無法表示孔子對死者哀悼的誠意，又險些造成一人死亡而「雙胞喪贈」的尷尬場面，釀成更大的烏龍事件，而顯得缺乏誠意，當然孔子要表示極度地不高興了。由此也可以知道一般人常說的「禮多，人不怪」，並不適用於任何一種情況的。

深入這件令孔子感到非常不高興的喪贈事件，我們可以知道孔子是非常貫徹「喪禮本於情」的人。就是因為人與人的感情有深淺厚薄、相處有親疏遠近的不同，因此孔子對於各種事情的處理，非常注重區分等差分寸，並不認為只要滿足表面的形式就好了。所以，孔子不會因為冉有為自己做了一件自己該做的事，而覺得「事情有人做就好了」。

想當初孔子得知伯高死亡的消息時，因為兩人相識不久，孔子還為了該怎樣適當地表達哀情而仔細斟酌（在古代，為死者哭喪的位置，是隨著自己與死者關係的不同而有別的。），覺得如果在自己的房間裡哭，則嫌交情過重了些；如果在自家以外的地方哭，又顯得彼此過於疏遠；最後終於選定到子貢家中門以外的地方去哭這個朋友的死（因為伯高是由子貢介紹而認識的）。可知孔子是極為注重情感必須適當表達的，並不是死了一個朋友，只要有形可見的「禮」到了就好了，因為對待朋友，重要的，更在於那份真心誠意要如何適當地表現。

孔子之衛，遇舊館人①之喪。入而哭之哀；出，使子貢說驂②而賻③之。子貢曰：「於門人之喪，未有所說驂。說驂於舊館，無乃已重乎？」夫子曰：「予鄉者④入而哭之，遇於一哀而出涕⑤。予惡夫涕之無從也。小子行之。」

——〈檀弓上〉

註釋

①舊館人：指孔子前次到衛國時，替衛君招待孔子住宿的賓館主人。

②說驂：說，音ㄊㄨㄛ，「解開」的意思。驂，古代四匹馬的馬車車駕旁的馬。

③賻：ㄈㄨˋ，通常稱贈送喪家的錢財為「賻」、衣物為「賵」，在此以贈馬為「賻」，為泛稱。

④鄉者：鄉，通「向」、「嚮」，音ㄒㄧㄤˋ，指示代名詞；指稱過去的那個時候。

⑤遇於一哀而出涕：深受悲傷的氣氛感動而流淚。

孔子動情而贈馬

孔子到衛國去，正好碰上前次來的時候，替衛君招待孔子住宿的賓館主人的喪事。孔子進去哭弔的時候，顯得很悲傷；出來之後，就叫子貢解下駕車時靠外邊的馬，當作喪賻的禮物送給喪家。

子貢質疑孔子對賓館主人的喪贈過重，竟然超過對自己學生喪事的賻贈，於是孔子把哭弔時深受喪主感動而流淚的事向子貢說明。孔子認為既然當時深受喪主感動而流淚，就應該對這份感動有所表示，所以還是請子貢按照自己的意思去做。

贈禮的輕重，是要和彼此感情的深淺厚薄互相配合的。孔子和賓館主人的感情，當然比不上和學生之間的感情，然而孔子對學生的喪禮不曾解馬相贈，這時卻要以驂馬相贈，面對這種超乎常情的舉動，也難怪子貢要加以質疑了。子貢能直言不諱地質疑老師超乎常禮的舉動，而且請求老師做適當的說明，這才是真正實踐禮義的行為，而不是只會在老師面前唯唯諾諾，表現得恭敬柔順，背後卻是牢騷滿腹、陽奉陰違，只知做表面工夫的人所可比擬的。

從孔子對於自己超乎常禮所作的說明，更可以說明孔子平日主張「喪贈重哀情」的事實。孔子對於子路、顏淵的死，當然是哀傷不已，甚且還有「天喪予！天喪予！」彷彿斷了自己的左右手似的悲痛。不過，儘管孔子如此悲傷，但是孔子並沒有解下馬匹做為賻贈。因為師生之情雖然濃厚，然而由於這種感情是來自長遠的思念與情誼，並不是突然興起的一陣悲情，因而不需要藉由一種過重的贈禮，來表達這份特別突出的感情。然而對於賓館主人就不同了，誰都知道孔子與賓館主人的交情，絕對不如對學生的感情來得親密，但是在進行哭弔賓館主人的時候，孔子看到喪主真情的流露，把自己當作是非常親近的人，所以使孔子也深受感動而流下淚來。

由於面對這種特別的狀況，就需要有特別的表示，才能與這份真摯的情意相稱，所以不能跟一般的喪禮饋贈相提並論。

孔子在衛，有送葬者，而夫子觀之，曰：「善哉，爲喪乎！足以爲法矣，小子識之！」子貢曰：「夫子何善爾也？」曰：「其往也如慕①，其反也如疑②。」子貢曰：「豈若速反而虞③乎？」子曰：「小子識之，我未之能行也。」

——〈檀弓上〉

註釋

①慕：一路上像捨不得離開父母似地，哭哭啼啼地緊緊跟隨著。

②疑：不知道親人的神靈是否確實跟來，因此遲疑而不敢快速前進。

③虞：靈柩下葬之後，死者親屬返家爲死者舉行的安魂典禮。

孔子看人送葬有感

孔子在衛國的時候，有一次，遇見了一隊送葬的隊伍。孔子在一旁仔細地觀察以後，覺得這家人辦理喪事的情形非常完美，足以做為他人的榜樣，於是告訴學生，那是值得大家跟著一起學習的。

子貢猜不透這家人有什麼值得讚美的地方。於是孔子就說出了自己的想法：那些送葬的孝子們，在護送棺柩到墓地埋葬時，一路上不停地哭著，哭哭啼啼的樣子，就像是小孩子捨不得離開父母似的，總是亦步亦趨地緊緊跟在背後；既葬以後，在回家的路上，卻又踟躕猶疑，一再地回過頭去觀看，似乎很擔心死者的靈魂是否能如一般人所說的，會跟著親人回到家裡去一樣。

子貢對於孔子的說法，頗不以為然，認為與其這樣遲疑猶豫地不願意快快回家，倒不如趕緊回家，以便早點進行虞祭，好好安頓死者的神靈。

孔子雖不願與子貢爭論長短，不過，卻向學生明白表示，這種「其往也如慕，其反也如疑」的行為表現，正是孝子愛親的自然流露，然而能表現得那麼純真誠摯，就絕對不是矯揉造作地做給別人看的，恐怕連他自己都未必能做得那麼完美呢！像這種難能可貴的行為，當然值得大家來推行、仿效了。

子貢認為虞祭重要，這當然沒有錯，問題是：假如死者的神魂根本不曾跟隨親人返家，那麼，虞祭做得再多、再隆重，也無法達到安頓死者神魂的目的，更無法安頓生者對死者思念的情懷，只是徒然具有儀式罷了，一點也沒有實質的意義。

當然，人死後是否真有靈魂，實在無法確知。但是，就是在這種無法確知的情況下，生者還能對死者表現得如此眷顧難捨，深怕倘若走快了，靈魂會跟不上隊伍似的，這就是一片真情了。人，是不應該現實到認為「人死，只是一團死肉罷了！何必管他那麼多！」因為，世間最可貴的，就在於人與人之間還可以存在幾許真情罷了！否則，人只是比禽獸還不如的一種生物罷了！

孔子蚤作①，負手曳杖，消搖②於門，歌曰：「泰山其頹乎？梁木其壞乎？哲人其萎③乎？」既歌而入，當户而坐。子貢聞之曰：「泰山其頹，則吾將安仰？梁木其壞、哲人其萎，則吾將安放④？夫子殆將病也！」蓋寢疾⑤七日而沒。

——〈檀弓上〉

註釋

①蚤作：蚤，是「早」之古字；作，是「起來」的意思。
②消搖：或作「逍遙」，代表精神鬆散、不作矜持端莊的神態。
③萎：凋零。
④安放：安，是「何」的意思；放，通「倣」，是「仿效」的意思。
⑤寢疾：臥病在床。

哲人的嘆息

早晨，總是充滿著朝氣與希望的。於是，孔子把握這美好的時光，背著手、拖著手杖，閒暇自適地在門前散步著。然而有感於日前夢中所見的徵兆，因此預想自己的來日已經不多，而回顧自己這一生總是顛沛流離，困頓受挫，百感交集之下，不禁要有感而歌了。

「泰山要坍塌了吧？棟樑要毀壞了吧？哲人要凋零了吧？」這是一代哲人的嘆息，然而它顯得多麼無奈！孔子回想自己一生棲棲惶惶，投注於人世的關懷，奔走於列國之間，為的是政治理想的實現，為的是人生至道的發揚，然而理想尚未實現，如今卻已來日無多。一想到此，怎不令人感慨萬千，不免要唱出句句的悲歌、要發出深深的嘆息了！經過這一陣思緒的動盪起伏，孔子再也不能逍遙自得地散步，只好進入屋內，無心於他事，只是當門乾坐而已。

聰明的子貢聽到孔子異乎平常的悲歌，不禁也感到一陣惶恐，心想：假如泰山坍塌了，那麼我們將仰望什麼呢？假如棟樑毀壞了、哲人凋零了，那麼我們將仿效什麼呢？老師恐怕是病得不輕了！

雖然敏感的子貢趕忙去看老師，但是，孔子大約又病了七天就去世了。

人，雖然明知生命是有限而無法強求的，然而，在面臨來日無多，卻又壯志未酬、理想未伸時，也總不免要流露出無助無奈與悲歌感慨了！聖哲如孔子，一生奮發向學、樂以忘憂，周遊天下，為的是奔走於列國諸侯之間以鼓吹政治理想，更以發展人倫至道為目的。雖然孔子無法在他有生之年親眼目睹自己辛勤耕耘的豐碩果實，但是他對中國文化的影響，卻是著實綿延了數千年！所以，每一個堅持生命可以有理想、應當有理想的人，在困頓受挫之餘，請不要氣餒、不要放棄！因為，比起孔子，我們都付出得太少、要求得太多！能想想這些，應當會對於不如意的事感到更為釋然，也可以為理想的奮進增添幾許助力。

戰于郎，公叔禺人遇負杖入保①者息，曰：「使之雖病也，任之雖重也②，君子不能爲謀也，士弗能死也。不可！我則既言矣！」與其鄰童汪踦往，皆死焉。魯人欲勿殤重汪踦③，問於仲尼。仲尼曰：「能執干戈④以衛社稷，雖欲勿殤也，不亦可乎？」

——〈檀弓下〉

註釋

①保：通「堡」，城堡的意思。

②使之病、任之重：徭役辛苦、賦稅沈重。

③殤重汪踦：未成年而死的稱爲「殤」，對殤者所舉行的喪禮比成人簡略。重，通「僮」，指僮子。

④干戈：武器。

汪踦不殤

齊國侵略魯國，兩軍交戰於曲阜近郊的郎邑。魯國的公叔禺人遇見一個扛著兵器的人，疲倦地走進城堡來休息。公叔禺人十分感慨，覺得：戰爭期間，兵役的徵召，已經使人民累得難以承受；賦稅的徵收，也已經重得使人民難以負擔；但是一些居於上位的卿大夫們，沒有一個真能為國家盡心策劃的；一些位在基層職務的士，也沒有幾個肯為國家效勞賣命的。倘若全國上下都是這樣的話，實在萬萬不行的！

由於公叔禺人對於當時的人與事做了一番批評，因此認為至少自己應該努力為國殺敵才是。公叔禺人就和鄰居少年汪踦一起衝鋒陷陣、奮勇殺敵，結果兩個人都英勇地為國犧牲了。

戰爭結束後，魯國人為他們兩人辦理喪事。由於汪踦還未成年，按照禮制，只能以較簡單的「殤」禮儀式來斂葬，但是大家為了敬重這位勇敢的少年，打算以成人的禮節來為他辦喪事，卻又不知道這樣做是否合於禮，於是就前去請教孔子對於處理這件事的看法。孔子認為汪踦既然能夠勇敢地拿起武器來保家衛國，不但鼓舞了士氣，更振奮了人心，甚至於犧牲性命也在所不辭，這是很多成年人還做不到的呢！魯國人懂得敬重這樣的人，不願意把他當做孩子看待，而要以成人的禮節來為他辦理後事，又有什麼不合理的呢？

禮制的訂定，對於發揚社會大義、造福人群都是很重要的目的，因此，凡是對於合乎這些條件的人員，常會給予一些特殊的獎賞與榮譽。所以，魯國人不殤汪踦，不但不會有違於禮，而且也唯有這樣做，才能合於禮義的真正要求；因為，禮本來就並不是一成不變的。為未成年的人舉行殤禮，是為一般狀況時所設的，然而汪踦的為國犧牲，並不在一般情況之列的。另外，值得嘉許的，是公叔禺人的言行一致，如果他只會檢討、批評別人，而不懂得躬行實踐的話，也無法激勵、成就汪踦的義行，更無法鼓舞魯國的士氣了！

孔子過泰山側，有婦人哭於墓者而哀。夫子式而聽之①，使子路問之曰：「子之哭也，壹②似重有憂③者。」而曰：「然，昔者吾舅④死於虎，吾夫又死焉，今吾子又死焉。」夫子曰：「何為不去也？」曰：「無苛政。」夫子曰：「小子識之，苛政⑤猛於虎！」

——〈檀弓下〉

註釋

①**式而聽之**：將手放在車軾上表示敬意，並且留神聽婦人的哭聲。
②**壹**：表示確定的語氣。
③「**重**」有憂：深重而繁多。
④**舅**：古代媳婦稱公公為舅。
⑤**苛政**：繁急的賦稅和傜役。

苛政猛於虎

有一次孔子乘車從泰山的旁邊經過，看見一個婦人非常傷心地在墓前哭著。孔子把手放在車前的橫軾上行禮表示敬意，並且很注意地聽著婦人口中喃喃不清的聲音。為了真正理解事情的原委，於是派子貢前去探問明白。

一問之下，才知道這個婦人的公公、丈夫和兒子都葬身在虎口之中，由於有這一連串的喪親之痛，難怪婦人要哭得十分悲痛了。孔子很難理解既然這個地方有老虎為患，婦人一家為什麼不會搬家以遠離虎害呢？經過進一步打聽，才知道這個地方雖然有老虎的禍害，但是卻沒有繁重的賦稅和辛苦的勞役。

從婦人的一番話，孔子感慨地提醒學生：繁重的賦稅和辛苦的勞役，這種來自政治策略和手段的運用，它對人民生活所造成的壓力和迫害，遠比老虎的禍害還要來得猛烈！

老虎雖然兇猛，然而由於老虎出沒的地方有一定的範圍，因此只要能避免接近老虎的活動區域，就可以避開老虎對人的傷害。但是，假如一個人生活的地方有繁重的賦稅和辛苦的勞役等苛虐的政治措施，人民就無從逃脫了。

老虎雖然會使人送命，但是儘管再兇猛的老虎，在一般狀況下，也只是飢而食、渴而飲罷了。除了這些情況之外，老虎是很少主動攻擊人的，所以老虎殘害人民的程度有限。然而苛虐的政治就不同了，因為苛虐的政治來自貪得無饜、殘民以逞的人心。苛虐的政治甚且透過政策的推行，在上者盡情地剝削民脂民膏、無盡地役使人民的勞力，因此殘害百姓的範圍廣闊、程度深遠。

由此可知：能締造一個合情合理的社會政治制度，才是使人民獲得美好生活的保障，這就難怪孔子要提醒學生好好記住「苛政猛於虎」的道理了。因為每個人都是社會中的一份子，當我們對於社會中存在的無理與不義視若無睹、置之不理時，其實我們已經是老虎的幫凶，也在為苛虐的政治散布種子了！想要有所做為時，豈可不慎呢？

孔子之喪，門人疑①所服。子貢曰：「昔者夫子之喪顏淵，若喪子而無服②；喪子路亦然。請喪夫子若喪父而無服。」

——〈檀弓上〉

註釋

①疑：猶疑而不敢決定。

②無服：沒有穿戴喪服。

師生情深

孔子過世了，學生們為了懷念老師教導栽培的恩情，都希望能有具體的哀悼表示，可是在喪禮的制度中，並沒有記載學生對老師應該如何的規定，因此學生該怎樣表示就成了問題。既然有了問題，當然就得由弟子們思索良策了。

眾弟子們思考的結果，最後由子貢提出了很好的提議：

由於以前當顏淵死的時候，孔子非常悲傷，雖然孔子沒有穿戴任何喪服，但是對顏淵哀悼的程度，就像是父親失去了兒子一般的痛苦與難過；後來子路死的時候，孔子也是這樣。這是孔子當年對待學生死亡時，所表現的態度和處理的方式。如今孔子去世了，所以子貢認為做學生的，至少也應該保有像孔子哀悼學生的相對態度和表示。因此，主張對老師雖然沒有適合穿戴的喪服，但是當學生們哀悼老師時，也應該像是孩子失去了父親一樣的哀痛。

我們都知道喪服制度主要是針對家族的親屬關係而設置規畫的，由於老師和學生之間並沒有親屬關係，因此在喪服的各項規定中，就沒有相關的服制可供依循了。不過，老師對於學生的教導與栽培，在當時師徒制的朝夕跟從學習、諄諄訓誨中，也可說是恩重如山了。尤其是孔子的一些及門弟子，彼此的相處非常親近，另外還有一些經常跟隨孔子周遊列國的，他們師生之間的情感就更濃厚了。對於情感深厚的人死亡，於情於理都應該有所表示才是人情之常。因此禮制上雖然沒有規定學生為老師穿戴的喪服，但是有所需要時，大家也可以根據合情合理的方式，另行規畫合適的禮制，因為禮制的訂定本來就是為了順應人情所需而設的。所以聰明的子貢所設想的方法，就不失為一種很合適的表達方式了。

當然，由於社會型態的重大變革，要像孔門師生之間具有那麼深厚的情誼，在當今社會中，的確是很少見了。不過，很難也並非是絕對沒有，因此，倘若能夠擁有一份純真而深厚的師生情誼，就應該是更值得珍貴的了。不錯，現代的師生關係，是早已大大不同於從前了，但是，只要師生雙方都能拋開現實功利的束縛，純化、淨化自己的心思，共同為塑造人類美好、善良的靈魂而努力，那麼師生之間的那份純真而深厚的情誼，就可以再度綻開漂亮的花朵。

子夏既除喪而見①，予之琴，和之不和，彈之而不成聲。作②而曰：「哀未忘也。先王制禮，而弗敢過也。」子張既除喪而見，予之琴，和之而和，彈之而成聲。作而曰：「先王制禮，不敢不至③焉。」

——〈檀弓上〉

註釋

①見：拜見。
②作：站起來。
③至：努力配合。

不同的琴聲

子夏在服喪期滿後去見孔子。孔子給子夏一張琴，然而子夏無法調整琴柱以使五音和諧，即使勉強彈起來，也無法成為曲調。子夏於是從座位上站起身來，感慨地說明自己仍然無法忘掉心中的悲哀之情，但是由於先王既然已經制定了禮制，所以雖然哀情尚未忘懷，也不敢超過規定的期限除去喪服。

子張也在服喪期滿後去見孔子。孔子同樣給子張一張琴，不過子張一調整琴弦，五音很快地就和諧起來了，一彈起樂曲來，曲調也顯得非常和諧明暢。於是子張也從座位上站起身來，說出自己心裡的感受：雖然自己心中的悲哀已經淡忘了，但是由於先王既然已經制定了禮制，所以自己也不敢不勉強來配合既定的期限，而不敢提前辦理除喪的儀式。

人的個別差異是很大的。每一種制度與規定，其實並非專為某人量身訂做的，然而它卻又必須是最符合一般人情所需要，因此對於處在標準上下的，就有必要作自我修正了。說到喪服制度，在我國的文化系統中，不但組織非常嚴密，而且範圍非常廣泛，對於各種不同的喪服等級，都有不同的服喪期限，並有服喪期滿則除喪的儀式，主要在於藉由各個階段的改變，讓服喪的人能漸漸調整自己的心情，以便在除服的儀式後，可以恢復正常的心情，重新展開工作。

然而心情這種東西，是最無法統一不變的，因此儘管服喪的形式可以有一定的期限，但是服喪者的心情卻無法用規約加以限定，所以子夏、子張，可以說是一種除喪，卻是兩種心情，連帶地就彈出了兩種不同的琴聲。這兩種不同的琴聲，不必代表兩人做人的優劣，而是說明兩人對於他們各自服喪的對象，感情的深淺有所不同。更重要的，是藉由不同的琴聲可以使兩人警覺自己的心情如何，知道該怎樣調整自己的心情，來與外在的環境相諧和，並且學習對事情的處理要懂得遵守一定的分寸。

人與人之間的相處，最重要的、也是最難的，就是彼此之間分寸的拿捏。能遵從禮制的規定，就是在學習掌握人際關係的毫釐分寸。青少年之所以經常發生爭執與衝突，說穿了，就是無法正確地掌握彼此應守的分際，而這種拿捏的本事，是需要長期學習、加以改進，而無法一蹴可幾的。如果能認真體悟人際關係的拿捏，那麼，假以時日，人與人的相處，就可以從技巧的層次，提昇到藝術的境界，這時候就可以從心所欲而不必擔心會逾矩了。

孔子之故人曰原壤，其母死，夫子助之沐①槨。原壤登木②曰：「久矣，予之不託於音也。」歌曰：「貍首之斑然③，執女手之卷然④。」夫子爲弗聞也者而過之⑤。從者曰：「子未可以已⑥乎？」夫子曰：「丘聞之：親者，毋失其爲親也；故者，毋失其爲故也。」

——〈檀弓下〉

註釋

①沐：製作。

②登木：敲打製作棺槨的木頭使發出聲音。

③貍首之斑然：形容製作棺槨的木料之紋理，就像貍首一樣斑斕多彩。

④執女手之卷然：形容撫摸製作棺槨的木料，滑潤的感覺就宛如撫握女子之手一般。

⑤為弗聞也者而過之：故意裝作沒聽到而不加理會。

⑥已：絕交。

孔子不棄故舊

孔子的老友原壤之母死，孔子幫忙原壤處理喪事；然而原壤竟然放聲而歌。這對於注重行為細節的人來說，認為原壤遭遇母喪而不悲不哭，已經是相當不孝了。至於朋友前來幫忙處理喪事，原壤不但未表示衷心感謝之意，卻還大歌椁材之文采與幫忙者的柔弱細手，看在一般人眼裡，實在是無禮至極。

孔子對於原壤的放聲而歌，卻故意裝作沒聽到一般，而不加理會。一旁的隨行者聽到了，都覺得不可思議，認為孔子實在可以和原壤絕交了。不過孔子卻始終認為：對待親人，不要失去對親人應盡的禮節；對待老朋友，也不要失去對老朋友應盡的禮節。

孔子這一次對待老友原壤違背常禮的行為，採取包容而不棄故舊的處理方式，不是孔子混淆是非價值觀念，故意包庇原壤不孝的無道行為，而是孔子能深深理解老友的心情。原壤並非親一死而朝夕忘之，比鳥獸還不如的邪惡之徒，只是哀痛雖然在心，卻不認為應該處處拘泥一言一行者。孔子能體會原壤的心情，因此能諒解其行為與一般世俗觀念的不相合。

從《論語》當中，已多有隱士之徒平日多有不拘於日常瑣碎細節之行為，因此孔子並不多加深究原壤的悖禮行徑。原壤的這種行為，在《莊子》之中，正好可與莊子之妻死，莊子鼓盆而歌；子桑戶死，孟子反、琴張臨喪而歌的情形相同。他們這些人並不是冷血無情之人，而是儒道的生活方式有所不同。道家人物習慣以「歌」的方式來排遣自己愁悶的哀情；所謂「方內之人」與「方外之人」的差別正在這裡，所以孔子並不去斤斤計較原壤行為的細節。

否則，以孔子的個性，當原壤蹲踞以待孔子時，孔子尚且以杖叩其脛，且以「幼而不孫弟，長而無述焉，老而不死，是為賊！」教訓原壤，倘若原壤果真為無情無義的不孝之徒，孔子想必早就與之斷交了。然而孔子仍然不棄故舊，只是盡其對待朋友應盡之道，這又能說明孔子是個注重朋友情義之人。

魯哀公誄①孔丘曰：「天不遺耆老，莫相②予位焉，嗚呼哀哉！尼父！」

——〈檀弓上〉

（哀）公誄之曰：「旻天③不弔，不慭④遺一老，俾屏⑤余一人⑥以在位，煢煢⑦余在疚。嗚呼哀哉尼父！無自律⑧。」

——《左傳》〈哀公十六年〉

註釋

①誄：古代用以表彰死者一生德行功業，並表達哀悼之意的文辭。

②相：ㄒㄧㄤˋ，幫助輔佐。

③旻天：上天。

④慭：ㄧㄣˋ，暫且。

⑤屏：即「封建親戚以蕃『屏』周」之「捍衛屏障」義。

⑥余一人：古代天子有以此爲代稱者。
⑦煢煢：ㄑㄩㄥˊ，孤獨無依的樣子。
⑧無自律：自稱因爲喪尼父而無以自爲法度。

魯哀公誄孔丘

魯哀公十六年，孔子去世，《禮記》與《左傳》均載有哀公對孔子之哀悼辭。雖然兩處所載之文句繁簡多有不同，不過其大義則是相類似的。

根據《史記》〈孔子世家〉記載，孔子於定公十四年由大司寇行攝相事，而且參與國事之推動，使魯國大治。齊國認為魯國大治對於齊國的威脅最大，因此餽贈魯國女樂，希望藉此腐化魯國統治者的心志。女樂由季桓子接受之後，定公與季桓子等上下朝臣即沉迷於女樂之中，舉行郊祭之禮，又不按禮分送祭肉給大夫，於是孔子的一批弟子隨同孔子離開魯國，前往衛國，開始長達十多年周遊列國的生活。哀公十一年，魯國才派遣使臣以幣帛召請孔子回國，並委任孔子以國老之位。

魯哀公雖然任命孔子為國老，也曾多次向孔子詢問治國之道，然而受限於自己的意志不堅、毅力不夠，且朝政早已歷經數世以來都長期掌控在季氏等三家大夫手中，因而並無積極做為。孔子自從歸魯之後，終其一生，也僅有國老之虛名，哀公實際上並未曾重用孔子。

由於魯哀公在孔子有生之年，並未重用孔子，直到孔子去世，方才表示悲傷嘆息的哀悼之意，惋惜孔子無法輔佐自己，而稱文以誄之，實在是無濟於事的做為。因此子貢對於哀公的這種行為，深深不以為然，而且認為那是無禮的行為。不僅如此，哀公竟然自稱「余一人」，更是不合理的僭越說辭，真可謂是具有雙重過失。

孔子晚年才從衛反魯，倘若哀公懂得珍惜孔子此一奇才，而善加重用之，則魯國之國政未必不能有所轉機。可惜哀公始終意志不堅，渾渾噩噩、昏昏夢夢，以致旁落已久的君權，始終無法有所轉圜；而且由於見識不高，對於時勢的洞察力不明，過失所在多有，難怪其既薨（諸侯死稱「薨」）之後，落得一個「哀」的惡謚，徒然留下後世永遠的哀嘆，可謂事出有因。

倘若我們稍稍回顧《禮記》〈哀公問〉的內容，也重新看看〈中庸〉中「哀公問政」章，再想想〈儒行〉中哀公與孔子的問答，都不禁讓人為哀公感到天大的遺憾，可歎無法把握天賜良機，好好善用人才，在魯國做一番大事。此外，倘若再查看《大戴禮記》中的〈哀公問五義〉，其中有哀公問禮、問政、問敬身、問成親、問天道等等大事，都可以幫助國君好好治理國政，其內容也散見於《荀子》以及《孔子家語》〈五儀解〉，則又不能不再度為哀公感到無限悲哀與可惜！

穆公問於子思曰：「爲舊君反服①，古與②？」子思曰：「古之君子③，進人以禮，退人以禮，故有舊君反服之禮也；今之君子，進人若將加諸膝④，退人若將隊諸淵⑤，毋爲戎首⑥，不亦善乎！又何反服之禮之有？」

——〈檀弓下〉

註釋

①為舊君反服：依禮，爲舊君服齊衰三月之服者，有三種狀況：曾經任職爲官而已經退職者，爲舊君服；大夫已去他國者，則僅有其妻與長子爲舊君服喪；大夫以道去君而尚未絕者，爲舊君服。

②與：通「歟」。

③君子：此處爲爲政者之代稱。

④若將加諸膝：形容君王寵幸臣子，親暱到好像要把臣子抱在膝上似的。

⑤若將隊諸淵：隊，通「墜」，音ㄓㄨㄟˋ，形容貶退臣子時，好像要將臣子打入萬丈深淵似的。

⑥戎首：反對軍的先鋒部隊。

子思論禮

孔子的獨生子伯魚，先孔子而去世，對於孔子當然打擊很大。子思生於何時，由於史無明載，學界的說法爭論很多，但是孔子對於這個唯一的孫子喜愛有加，則無人懷疑。子思從小就天資過人，很得孔子的歡心與喜愛。《孔叢子》記載不少有關子思的資料，也有多則孔子與子思祖孫之間的對話，可惜過去由於《孔子家語》以及《孔叢子》被列入「偽書」，以致學界多不採信書中的記載。

如今，戰國時期的簡文陸續出來以後，從前的許多「偽書」雖然尚未搖身一變，而脫除其「偽書」的緊箍咒，但是，該「偽書」中的許多「故事」，卻足以使大家對於子思的形象增加許多鮮明的色彩。

例如《孔叢子》的〈記問〉，就曾記載孔子有一次閒坐時喟然而嘆，而與子思有一段極有意思的問答小故事：

懂事的子思馬上問祖父：「是否擔心子孫不肖，有辱祖上之德？」

孔子則笑說：「小孩子哪裡懂得我的心！」

子思馬上接著說：「伋於平常生活中，常聽祖父說『父親砍柴，而兒子不懂得幫忙背負柴薪的，就是不肖。』伋常常想其中的道理，所以就努力不懈地學習。」

孔子欣然而笑說：「是嗎？果真如此，則我一生無憂了！如果後代子孫都能不廢祖宗家業，孔氏家族必定能昌隆無比呀！」

從這個小故事，正好可為孔子喜歡子思的原因，提供一絲輔助說明的資料，同時也對子思的聰明過人、心思細密、有膽有識，留下深刻的印象。因此子思年紀還輕之時，已經名聞魯國，而且很有個性，魯穆（繆）公很喜歡找子思問問題，徵詢子思的意見。〈檀弓〉的這則記錄，只是文獻所記載多筆資料中的一筆而已。

例如《孟子》〈萬章下〉就載有另一則相關紀錄。穆（繆）公詢問子思：「擁有千乘之國的國君，如果以友道對待士，這種方式如何？」

子思的回答竟然是：「如果以地位的尊卑而言，則國君是君，而士只是人臣，臣如何敢與君為友？如果以德行的高低而言，則國君禮當師事有德之士，又怎可說與士為友？以朋友之道對待有德之士尚且不可，又怎能召之，使之前來見君？」

如果知道子思曾經和穆公有這麼一段問答，則對於〈檀弓〉的這則記錄就很容易理解了。

古代的服喪之禮，雖然有為過去的國君服齊衰三月的規定，但是，子思明確對魯穆公說，那是必須要有前提的。換句話說，國君對待臣子，必須是進退都能合乎禮的要求；倘若不然，則對於舊君何服之有！子思甚且還舉當時之狀況為例，指出當時的君主，多的是一旦寵幸某一臣子，則親之昵之，唯恐不能把他天天抱在膝上寵著；一旦不再得寵，則斥之退之又唯恐不及，甚至於還欲將其墜入萬丈深淵而後快似的。以如此毫無君道之君，那些已離職的臣子，不成為反對軍的頭號先鋒部隊已經不錯了，還哪能希望過去的臣子能為這種國君服喪！為這種舊君服喪，又哪裡是合乎禮的要求！

假如我們再看看《孔叢子》〈抗志〉中，子思果真不為魯穆公服喪的事件，則明顯可見子思對於人君應有君德，對待臣子應有其道之堅持。該則紀錄記載魯穆公去世之時，子思居於衛，並不在魯。雖然縣子以魯國為子思的父母國為理由，而要求子思為魯穆公服喪，然而在聽完子思的說明後，縣子也只能承認自己的思慮不當，而不再堅持己見。看了這則紀錄，對於理解〈檀弓〉的故事相當有幫助。

其實《孔叢子》以及《孔子家語》中有許多有關孔氏家族的小故事，透過諸如此類的一些小故事，可以幫忙我們了解孔氏家族成員的許多面向。如果僅因為這些書過去曾經有一段很長的時間被貼上「偽書」的標籤，就將其棄之不顧，那可說是損失大了！

凡事總要先看個究竟，先曉得它在說什麼，然後再去判斷「故事」的可信度如何，才是上上之策！對於《孔子家語》、《孔叢子》都應該要理性的態度重心看待它們的內容。

曾子寢疾，病。樂正子春坐於床下，曾元、曾申坐於足，童子隅坐而執燭。童子曰：「華而睆①，大夫之簀與②？」……曾子曰：「然，斯季孫之賜也，我未之能易也。元，起易簀③！」曾元曰：「夫子之病革④矣，不可以變，幸而至於旦，請敬易之！」曾子曰：「爾之愛我也不如彼；君子之愛人也以德，細人之愛人也以姑息。吾何求哉？吾得正而斃焉斯已矣！」舉扶而易之。反席未安而沒。

——〈檀弓上〉

註釋

①華而睆：睆，音ㄏㄨㄢˇ，華麗而光亮。

②與：通「歟」，表示疑問的語尾助詞。

③易簀：簀，音ㄗㄜˊ，更換竹蓆子。

④病革：革，通「亟」，音ㄐㄧˊ，病得非常嚴重、危急。

病危不忘換蓆

曾子臥病在床，而且病得很嚴重。他的學生樂正子春坐在床下，兒子曾元、曾申坐在腳邊，一個小孩子坐在角落，手拿著火把以便照明。拿著火把的小孩突然像發現了大事地說：「多麼華麗而光亮的竹蓆呀！應該是大夫才能用的吧！」雖然樂正子春示意小孩不要再講，可是天真的小孩還是重複地說，不加理會。

半昏迷狀態中的曾子早已模模糊糊地聽到了。曾子好不容易掙扎了一會兒，喘了一口氣，才說明那張竹蓆原本是大夫季孫的賞賜，自從自己生病以來就一直睡在上面，到了現在，卻沒有力氣更換蓆子了。於是吩咐兒子替自己更換蓆子。

曾元認為曾子的病情嚴重，不適合隨便移動，希望能等到第二天天亮，病情稍微穩定些，再行更換蓆子。但是曾子卻堅定又感慨地認為：自己的兒子和學生愛護自己，實在比不上一個純真的小孩呀！一個君子愛人的方式，是用很多好事來成就他的品德；至於小人要愛一個人，就不是這樣了，往往是不管它合不合道理，只求能得過且過、苟安一時就好了。現在，自己的病情這麼嚴重，還有什麼可要求的呢？只不過希望能求個按照自己的身分，死在自己該睡的蓆子上罷了！

由於曾子的堅持，大家只好小心翼翼地合力攙扶著曾子，然後把蓆子換了。曾子回到蓆子上，還沒有完全睡穩，就放心地走了。

天下的大善大惡當然很容易分辨，至於一些細微的小事，有時候就很難劃分彼此的界限了。然而就是因為它的細密隱微，也才更容易地從這個人的一貫作為方式，而看出他一向的操守和品德。人，多的是因循苟安、得過且過的，對於自己的過錯，總有千千萬萬個理由來「合理化」自己不當的行為。這種人，不用說，到了重要的關頭，自然不必指望他對於道德仁義會有什麼堅持了。一旦社會上到處充斥著這種時時「合理化」自己的人，當然，這個社會就真的很難合理了。

「換蓆子」雖然是一件小事；但是，由於那是「應該做的」，曾子就把它當作「大事」了！要成為一個有為的人，對於類似這種「小的大事」，就不能輕易地得過且過了！

曾子謂子思曰：「伋！吾執①親之喪也，水漿②不入於口者七日。」子思曰：「先王之制禮也，過之者俯而就之，不至焉者跂③而及之。故君子之執親之喪也，水漿不入於口者三日，杖④而后能起。」

——〈檀弓上〉

註釋

①執：守。

②漿：飯湯。

③跂：ㄑㄧˋ，舉踵、踮起腳尖，表示必須非常努力才能達到預定的標準。

④杖：名詞而做動詞用，指用喪杖杖扶。

曾子守喪過猶不及

曾子對於當時有些人的親情淡薄頗有感慨，於是，在一次機會中，就對子思（伋）述說自己為親人守喪的情形，曾經在七天之中不吃不喝，只是一味地悲傷與懷念親人。

子思則並不以為然地認為：古代聖賢訂定禮制，都是經過一番審慎而周密地考慮才做成決定的。有了既定的禮制以後，一些情感比較深厚的人，當然就必須稍微委屈自己一點，以便能遷就、符合禮制的要求；一些情感比較淡薄的人，當然就必須稍微勉強自己一點，以便能努力達成禮制的要求。所以，一個合乎禮制要求的君子為親人服喪時，在開始的三天之內，雖然因為過度悲傷而不飲不食、不吃不喝，但是扶著喪杖也可以起來走動，這就算是合禮了。

曾子是中國歷史上有名的孝子，因此，他對於親人的死亡所感到的悲傷哀痛之情，當然要遠勝過其他的人。所以，以他至情至孝的標準來看，對於當時有些人的親情觀念顯得淡薄，就不免要有微詞了。然而禮制的制定，主要在求其能普遍地通行於天下，還要能傳之久遠，因此不但要能順應人情的需要，同時也要考慮一般人實踐的可行性，不能空懸著一個理想的狀態，而要求一般的人拼老命地去攀爬，這不但是不可能，同時也是不切實際的。所以，過猶不及，雖然兩者的情況並不完全相同，但是前者會流於蹈空的幻想，後者則是流於淡漠而不近人情；不過，兩者同樣不適合成為社會大眾共同遵行的準則。

站在現在大家所知道的生理、心理會相互影響的事實來講，當一個人極度悲傷的時候，缺乏食慾、沒有胃口、食不知味都是正常的生理反應，如果在這種狀況下，還勉強自己去吃，還不見得有益健康呢！所以在不危害健康的情形下，禮制才有這種「三天不吃」順應人情的要求，以求能與悲傷的心情相配合。如果是身體不堪負荷，那麼就還有特別的居喪守制辦法可供遵行，並不是三天之內絕對不許滴水入口的固陋不通的死條文。

現代的社會狀況雖然與古代有很大的不同，但是心情不好會影響消化功能的事實，卻是古今相同的，所以，對於親人剛死而孝子「水漿不入口三日」的習俗，還有它值得正視的理由呢！現代人往往自以為很先進，而古代人都很落伍；不過，仔細想想，有時候還未必都如此呢！

樂正子春①之母死，五日而不食②。曰：「吾悔之③，自吾母而不得吾情，吾惡④乎用吾情！」

——〈檀弓下〉

註釋

①樂正子春：曾子的弟子。

②五日而不食：依禮，因爲父母喪亡而憤懣不已，飲食難以入口，最多以三日爲限，以免損害身體健康。

③吾悔之：樂正子春後悔自己五日不食並非來自眞實的情感，而是勉強以爲之。

④惡乎：惡，音ㄨ，語中助詞。

不以多日不食為禮

曾子以孝聞名，人所盡知。曾子曾經有一次因為耕耘瓜田不小心而誤斷瓜苗之根，曾點盛怒之下，將曾參痛打一頓，但是曾參直到昏倒也不曾逃跑。醒來後，曾參還去探問父親是否因為責打自己而過度勞累，並且還鼓琴而歌，告訴父親自己的身體狀況良好。孔子知道此事後，不但不讚賞曾參的行為，甚且還對弟子們說：「曾參來的話，不讓他進門。」曾參不明究竟，後來孔子才告訴他「小杖則受，大杖則走」才是孝親的道理。從這件小事，明顯可見曾子的孝行真的有些難以想像，不過卻也可見他的孝行的確出自內心的真情，毫無勉強與做作。

樂正子春是曾子的弟子，世人也以孝子稱呼他。樂正子春曾經因為不小心而跌傷腳，雖然腳傷已經痊癒，他卻仍然數月都面有憂色。他的弟子很疑惑，而請問其中之原因。樂正子春才述說老師曾子引述孔子所說的：「父母全而生之，子全而歸之，可謂孝矣。」說明自己一時忘記孝道而傷了腳，因而感到無限憂心。

由此可以想見樂正子春是深受曾子影響的。

樂正子春的母親死了，他五天都不吃不喝。事後，他對自己的過度勉強不食表示後悔，認為自己不應該刻意表示哀傷，而超過禮制之常情。處理父母的喪事，最重要的是能盡乎哀情，而不是不吃不喝越多天就表示越孝順的意思。因為按照禮制，父母至親之死，雖然悲傷哀痛，卻也至多只是三天不進食。超過此一限度，就有可能因為過度悲哀而傷害身體，反而是不孝的行為。由於樂正子春的五天不吃不喝，並非純然發自內心之真情，而是刻意勉強而為之，就更不是真正合於禮的行為了。

樂正子春的勉強自己以超乎常禮，是否受到其師喪親而七日水漿不入於口的影響，雖然無法得知，然而曾子逾越禮制的行為，子思已經明白批評其不恰當。因為禮制的訂定，是要求其能傳之久遠，且能合乎絕大多數人的情理與需求，而避免「過猶不及」的情形發生。

面臨至親之喪亡，固然哀傷痛苦的感受是正常的，但是倘若純任哀情過度而不加節制，則容易造成「以死傷生」之不良後果，就如同曾子完全接受父親盛怒下的痛打，很容易造成誤傷的遺憾，反而可能形成「不孝」的事實。對於這種情感特別豐富者，禮制的規定，就希望這些人能「俯而就之」，以降殺這種濃厚的悲傷之情，懂得「節哀順變」的道理，愛惜自己的身體，以達到真正的孝道。「水漿不入於口者三日」，就是對於孝子哀情的一種調節，超過此限，就有可能造成「以死傷生」之不良後果。

曾子執親喪，而「水漿不入於口者七日」，已受到子思的批評。樂正子春五日不食，也已自省有不得於情的做作之失。凡此都可說明禮本於人情而求其宜的最高宗旨，是各種行為最重要的權衡原則，凡事一旦過分，就有違於禮。

子夏喪其子而喪其明。曾子弔之曰：「吾聞之也：朋友喪明①則哭之。」曾子哭，子夏亦哭，曰：「天乎！予之無罪也！」曾子怒曰：「商，女②何無罪也？吾與女事夫子於洙泗③之間，退而老於西河④之上，使西河之民疑女於夫子，爾罪一也；喪爾親，使民未有聞焉，爾罪二也；喪爾子，喪爾明，爾罪三也。而曰女何無罪與！」

——〈檀弓上〉

註釋

①喪明：眼睛失明。
②女：同「汝」，「你」的代稱。
③洙泗：魯國的水流名，洙水在魯城之南，流入泗水。
④西河：山西平陽。

子夏哭瞎了眼睛

子夏因為悲傷兒子的死，哭得眼睛都看不見了。曾子知道了這個消息，就前去探問子夏。曾子一見到子夏，就向子夏提到前人所說的「如果朋友失明了，就應該去慰問他、為他哭泣。」說著說著，兩人都哭了。子夏還怨天尤人地認為老天太不公平了，自己又沒做過什麼不對的事，竟然兒子死了，自己也瞎了！

曾子很生氣地責備子夏犯了三大錯誤：

錯誤之一：當年兩人一起在洙水、泗水之間跟隨孔老夫子求學，如今子夏不在社會上服務大眾、造福人群，只是退隱在西河一帶，使西河一帶居民的心目中只知道有子夏，卻不知道孔老夫子的學問道德到底如何。

錯誤之二：只知道退隱一方，連父母亡故，也沒有讓好友知道，太過見外。

錯誤之三：死了兒子，又哭得太過分了，連眼睛都哭瞎了！

子夏聽了曾子的指責，連忙謝罪地表示自己離群索居太久了，連一些道理都不懂了！

從曾子責備子夏的簡短故事中，倒有一些問題值得我們思索：

儒者的責任，本在於積極用世，從服務社會的工作中，實現造福人群的抱負。如今，子夏退隱西河，拋棄了服務社會的責任，難怪曾子要生氣地責備子夏了。其實，目前社會之所以顯得亂象環生，並不是缺乏人才，而是在上者不能用人，而一些人才也不願意出來為大眾服務，惡性循環的結果，一切就顯得「四不像」了。

子夏對於父母與兒子的死亡，表現了兩種迥然不同的態度。對於父母的死，以低調處理；對於兒子的死，卻是哀哭過度以至於失明；這種厚於子而薄於親的表現，才最是應該受到責備的。想想目前的社會中，當父母在世的時候，厚於子而薄於親的作為，何嘗不是比比皆是？對於子女，總認為他是自己身上的一塊肉，這當然沒有錯，把子女當作心肝寶貝一般地疼愛，這也是應該的；可是，如果因此而忽略了對父母的照顧，那就太說不過去了。如果父母的地位甚至於比寵物還不如，那就更不應該了。

不過，子夏畢竟還是孔子的十大弟子之一，具有儒者能坦然接受別人指責的勇氣與雅量，聽了曾子的話，能馬上認錯、謝罪，確實不失為學者可愛之處！

有子問於曾子曰：「問喪①於夫子乎？」曰：「聞之矣：喪欲速貧，死欲速朽。」有子曰：「是非君子之言也。」……子游曰：「昔者夫子居於宋，見桓司馬自爲石槨②，三年而不成。夫子曰『若是其靡③也，死不如速朽之愈也。』死之欲速朽，爲桓司馬言之也。南宮敬叔反，必載寶而朝④。夫子曰『若是其貨也，喪不如速貧之愈也。』喪之欲速貧，爲敬叔言之也。」

——〈檀弓上〉

註釋

①喪：喪失祿位。
②槨：外棺。
③靡：奢靡。
④載寶而朝：載送寶物以向朝中的有力人士活動疏通，希望重新獲得祿位。

危險的斷章取義

在古代，學問有所成就以後就出任為官，似乎是順理成章的事。但是，順利登上官場以後，並不能保證從此就能在官場上一帆順利、毫無閃失。因此，萬一喪失祿位以後應該如何自處，就是每一個深謀遠慮的官老爺早該想妥的準備了。在一次偶然的機會中，有子向曾子問起是否曾經請教孔老夫子，倘若喪失了祿位，應當如何自處。沒想到曾子竟然說他曾經聽老師這麼說過：「喪失了祿位，最好趕快變成窮光蛋；死了，最好是趕快腐朽算了！」有子一聽，實在不敢相信自己的耳朵，覺得那不像是一個有仁心的君子所說的話，更不會是孔子說的。

經過曾子向子游查證孔子當時說話的情形，終於搞清楚孔子說這話的背景，原來那是有所指謂才那麼說的，並不代表一般性的原則。事情是這樣的：

當孔子在宋國時，看到宋大夫桓司馬非常奢侈，對於自己設計的石槨，光是請工匠雕琢就花了三年，竟然還沒雕琢完畢，於是惹得孔子要說：「如果要這麼奢侈，人死了，倒不如早點腐朽還來得好！」可見「死欲速朽」的話，是對桓司馬的行為而說的。至於「喪欲速貧」，則是對南宮敬叔說的。因為南宮敬叔在失去祿位後，每次一回朝，必定載運了許多寶貝貨品前來疏通有力人士。像南宮敬叔這樣以寶物從事不正當的活動，怪不得孔子要說：「假如喪失祿位後還要這麼奢侈浪費，倒不如早點變成窮光蛋算了！」

假如我們不加深究曾子所聽到的話就信以為真，那麼具有仁德的孔子，就要變成一個刻薄不仁的傢伙了。像這種由於不當的斷章取義所造成的誤會，如果不是有子細心，一再對曾子的話表示質疑，希望曾子能再回想當時的情形，恐怕這句話一經流傳，就愈不像話，而與事情的真相愈離愈遠了。所以說，說話固然不容易，聽話還更不簡單呢！只要一不小心，恐怕說話者的意思就相差十萬八千里了。傳話的人更是重要，倘若不懂得擷取說話者的重點，又沒有辦法把這些訊息透過適當的途徑，把說話者的意思真實無誤地傳達給聽話的人，那麼往往會由於危險的斷章取義，而造成雙方的誤會，甚至於導致更壞的後果。

類似這些狀況，都是我們日常生活當中常犯的「失禮」；因此，想要「斷章取義」時，還實在不能不多加注意了！一定要多注意所「斷」的章，是否已經擷取到說話者所說的重要片段，不能只是隨自己的意思而任意「截斷」全文以為自己所用。此外，在「取義」時，更要注意自己是否已經把握到說話者真正意思所在，而不是自己說了就算數。

陳子車死於衛，其妻與其家大夫①謀以殉葬。定，而后陳子亢②至。以告曰：「夫子疾，莫養於下，請以殉葬。」子亢曰：「以殉葬，非禮也；雖然，則彼疾當養者，孰若妻與宰？得已③，則吾欲已；不得已，則吾欲以二子者④之爲之也。」於是弗果用。

——〈檀弓下〉

註釋

①家大夫：陳子車的家宰。大夫的家宰本是「士」，然而由於大夫的強勢與僭越，因此家臣也僭稱大夫。

②陳子亢：陳子車的弟弟，是孔子的弟子。

③得「已」：取消、停止。

④二子者：指陳子車的妻子和家宰。

殉葬非禮

齊國的大夫陳子車死在衛國，他的妻子和管家商議要以活人來殉葬。找人殉葬的計畫決定了以後，陳子亢才趕到。於是子車的妻子和管家就把這個決定告訴子亢，並說明找人殉葬的理由是由於老先生的身體狀況不好，不能沒有人在九泉之下伺候他，所以打算找人殉葬，以盡心意。

子亢眼看他們已經做成了決定，想要勸阻恐怕不是一件容易的事，於是就想出了一個既合情理又可以阻止無理的殉葬發生的方法：

子亢首先說明找活人殉葬，原本就是不合乎禮的。如果真的是顧慮到死者的健康情形不好，到了九泉之下應當有人侍奉照料的話，那麼，這種人選再也沒有比自己的妻子和管家來得更適當的了。所以，如果能終止活人殉葬的計畫，當然最好了，如果真的非找人殉葬不可，那麼也該選用這兩個最適當的人來殉葬。

由於子亢合情合理的說詞，終於阻止了這一場不合情理的殉葬悲劇。

用活人來殉葬，本來就是殘忍而不合情理的，當然不見於禮制當中，孔子甚且還氣憤地用「始作俑者，其無後乎！」的重話，來表達他心中的不滿。因為「無後」，一向是中國人最擔憂害怕的。對於發明用俑偶陪葬的人，孔子尚且要說讓他「無後」的重話，原因是俑偶的造型太像生人了，容易引起後人想用生人殉葬死者的念頭，倘若真的用活人來殉葬，當然就更應該大大的加以阻止和譴責了。

不過，真的能夠為死者找人殉葬的，總不外乎是錢多或者勢大的家族，因此，想要阻止這種非禮的行為，還不是一件簡單的事呢！還好，這次出主意的，是陳子車的妻子和他的管家，他們本來就是仗著強勢大夫之家的威權，想要運用金錢與權勢找人殉葬，認為這樣不但可以成就為死者設想的美名，還可以虛榮自己家族的威勢；而他們這種人是絕對不會以自己相殉的。不是嗎？如果真心要伺候死者，不用別人說，自己都會想辦法以身相殉的，還需要計畫個老半天嗎？聰明的子亢了解他們這種人的弱點，於是採用更合情理的辦法，才阻止了這一場即將發生的不合情理的殉葬。

所以，遇到不合情理的狀況時，最重要的，是保持沈著冷靜，尋找該問題的癥結與弱點，適時地採取迎擊與反制。

子游曰：「禮：有微情①者，有以故興物②者。有直情而徑行③者，戎狄之道也。禮道則不然，人喜則斯陶④，陶斯詠，詠斯猶⑤，猶斯舞，舞斯慍，慍斯戚，戚斯歎，歎斯辟，辟斯踊⑥矣。品節⑦斯，斯之謂禮。」

——〈檀弓下〉

註釋

①微情：微，降殺減低。微情，乃指爲防止情感深厚的孝子過分悲哀，所以爲之節度以減低其情。

②以故興物：特別製爲衰絰等喪服，使喪親者穿戴喪服而興起哀情。

③直情而逕行：純任情感之流洩而毫無節制。

④陶：內心歡喜而想表現於外。

⑤猶：鄭玄以爲當爲「搖」之誤，意指搖動身體。

⑥辟斯踊：「辟」與「踊」相對成文，孔穎達以「撫心」爲辟，「跳躍」爲踊。男踊女辟，表示喪親者哀痛至極所發之於外的反應。

⑦品節：根據喪親者與死者之親疏遠近關係不同而區分等級，制訂各種節度使之遵守，使不至於過度。

禮本於人情

一般人的觀念中，總有一個刻板的觀念，認為「禮」就是固定而死板的僵化條文，更是束縛人的無用儀式。子游是孔門的十大傑出弟子之一，他的這一段話，是針對有子因為不懂得喪禮中為何要有辟踊的禮節，而想要將其廢除之事，所提出的說明，主要強調「禮」是本於人情的活潑潑反應。

不過話說回來，「禮」的確希望能對於人有些節制作用；但是這些節制作用的目的，並不在於「束縛」人的行為，而是希望能幫助人調理情感，使人都能過著更自在的生活。

每個人對於親人死亡所感受的衝擊不同，所發出的情感反應也各有差異。面對親人死亡，有的人會痛不欲生，哀毀以傷生；也有的人卻竟然是朝死而夕忘，依然我行我素。前者的行為，倘若死者地下有知，亦不願親人如此消沉而不知振作；後者的行為，則冷漠得令人感覺可怕，而懷疑人間是否還有溫情存在。由此可見這兩種人處理親人死亡之情感，都不是恰到好處的中庸之道。如果一切聽憑這兩種極端情感自由發展，而不稍有節制，則無論對於個人或者社會，都會產生不良的影響。

子游以「禮：有微情者，有以故興物者。」短短的一句話，就說出了「禮」對於人情的調節原理與平衡作用。因為生、老、病、死是人生的自然歷程，況且「死者已矣，來者可追！」所以在面對死亡來臨時，雖然悲傷是必然的反應，也應當好好宣洩這種哀痛的情感，但是如果對於這種「多情」之人不加以適當節制，任憑其無盡地悲傷痛苦，甚至於自殘或殉情，不但大傷社會元氣，更有違生物所具有的自我療傷止痛的生存原理。因此所謂「有微情者」，正是要降殺減低這種「多情」者對於自我的傷害，而使其能適當的抒發哀情，卻又能「不以死傷生」，且懂得「節哀順變」，如此才可以使溫馨滿人間的社會永續留存。

與此相反的，則是針對冷漠寡情之人，應該給予適度觸動與增強情感之設計，所謂「以故興物者」就是這種道理。換句話說，就是至少藉由對一些起碼的喪禮儀式之要求，以及舉行各項儀式活動時的悲傷氣氛，而對於這些冷感者，有觸發其潛在情感之可能。

一旦能理解這種道理，就不會如有子一樣，認為「辟踊」之節只是無用的虛禮，而欲去之然後快。倘能如此，也才能真正理解「禮道」之自然：人一旦心裡歡喜，就會自然地想要表現快活的樣子，於是就發為歌詠，乃至於不自覺地搖動身體，甚至於手舞足蹈起來。然而哀樂本來就是相應而生的，倘若一再地手舞足蹈，樂而不知有所節制，則樂極生悲的結果，又會導致有慍怒、悲戚、嘆息，甚至於還有撫心而傷痛，頓足跳躍以抒發情感之一連串情感反應。因此禮的作用，正是對於人的哀樂之情給予適當的調節與疏導，使人之行為能無過與不及。

第三篇

春秋人士論禮勤

齊大饑。黔敖爲食於路，以待餓者而食之。有餓者蒙袂①輯屨②貿貿然③來，黔敖左奉食、右執飲，曰：「嗟！來食！」揚其目而視之，曰：「予唯不食嗟來之食，以至於斯也。」從而謝焉，終不食而死。曾子聞之，曰：「微與④！其嗟也可去，其謝也可食！」

——〈檀弓下〉

註釋

①蒙袂：袂，是袖子。因爲古人所穿的衣服又寬又大，所以飢餓的人由於全身無力，連衣袖都舉不起來。

②輯屨：輯，是「斂」、拖拉的意思。屨，是鞋子。

③貿貿然：眼睛看不清的樣子。

④微與：微，表示「非」、「不對」的意思。與，通「歟」，語尾助詞。

不食嗟來食

齊國發生嚴重的饑荒。黔敖做了一些吃喝的東西放在路邊，準備施與飢民。黔敖遠遠看見一個飢餓的人，一副全身無力的樣子，寬大的衣袖垂下，兩手舉都舉不起來，鞋子也沒穿好，在地上拖拉著，餓得兩眼昏睛都看不清了，慢慢地向這邊晃過來。

黔敖左手捧著一碗飯，右手端著一碗湯，大聲地吆喝飢民來吃。只見那個飢民抬起頭來，看著黔敖，然後說出自己就是因為不願意吃這種吆喝著給人吃的飯食，才淪落到今天這種地步。經過這個人這麼一說，黔敖也感覺到自己態度的輕忽與魯莽，於是連忙道歉。然而那個飢餓的人還是不願意吃，終於飢餓而死。

曾子聽到了這回事，認為：那個飢民那樣堅持，恐怕不太對吧！當對方大聲吆喝著要自己吃的時候，不願意吃是應該的；可是當對方已經道歉了以後，就可以接受了。

發生饑荒，常常會造成人民飲食無繼的嚴重問題。碰到這種情形，富有的人家能想到要施捨飢民，發揮「人飢己飢」的精神，幫助災難中無助的人，也算是難能可貴、值得嘉許的了。像故事中黔敖這種大聲吆喝給人食物的態度，恐怕跟富有人家平日吆喝下人的習慣有關，在習慣成自然的情況之下，也就很習慣地吆喝飢民了。當然，主人吆喝下人，本來就不是好主人應有的作風，至於將這種不尊重人的習慣，轉而對待受災的飢民，也著實不應該，更是平白辜負了自己一番急難救助他人的美意。還好，黔敖仍然是一個明理的人，曉得自己的態度輕率後，能趕快道歉，也算是個知錯能改的了。遺憾的是對方並不領情，還是活活地餓死了。所以，當我們有心要幫助人的時候，千萬要注意自己的態度應該親切誠懇，對人不可擺出一副不可一世的輕蔑態度，否則原有的美意，反而成為糟蹋別人，一旦害死有骨氣的人，還確實是不折不扣的罪惡一樁呢！

另外，誠如曾子所說的，不吃人家吆喝著而給的食物，是當捨能捨、有骨氣的表現，但是當對方道歉以後，仍然執意不肯吃，就是太過分了！人應當有骨氣當然很重要，但是，對於取捨之間的拿捏更加重要。你認為呢？

晉獻公將殺其世子申生。公子重耳①謂之曰：「子蓋②言子之志於公乎？」世子曰：「不可！君安驪姬，是我傷公之心也。」曰：「則蓋行乎？」世子曰：「不可！君謂我欲弒君也，天下無父之國哉？吾何行如之？」……再拜稽首③，乃卒。爲恭④世子也。

——〈檀弓上〉

註釋

①公子重耳：申生的同父異母兄弟，後來成爲晉文公，爲春秋五霸之一。

②蓋：通「盍」，「何不」的意思。

③稽首：叩頭的大禮，是古代拜禮中最重的大禮。

④恭：申生死後，被議定以「恭」爲謚，說明他敬順事上的意義。

恭世子不能算孝子

晉獻公因為聽信驪姬所說的壞話，一氣之下，想要殺死世子申生。

申生的同父異母兄弟重耳，勸申生勇敢地把心裡的話對國君說清楚。申生沒有接受重耳的建議，因為他認為獻公非常寵愛驪姬，不能一天沒有她，假如他把實情說了，驪姬可能因此而被殺，那就是傷害獻公的心了。

重耳覺得申生既然不願意說出實情，不如先行避一避鋒頭，等事情有所緩和再做打算。申生認為那樣也不可行，因為驪姬嫁禍給他的罪名，是子弒父、臣弒[illegible]種謀篡君位的滔天大罪。天下雖大，然而哪裡有子不認父的國家呢？尤其是[illegible]負著弒父、弒君的罪名，還有什麼地方可以逃呢？

申[illegible]縊死前，仍然不忘派人向師傅狐突表達心聲，希望師傅能出來為晉國效力，自己[illegible]很恭敬地面向狐突所住的方向遙拜致敬，然後才自縊而死。

晉國上下對申生的作為深有感動，於是以「恭」做為他的謚號，紀念他是一個恭順守命的世子。

晉國人以「恭世子」來稱呼申生，具有雙重的意義，一方面嘉許他能體貼父親的心情[illegible]而且即使在面臨死亡的時候，仍然不忘國家的安危；另一方面，則在[illegible]味恭順的事實，「恭順」是成全了，然而卻也陷父親於不仁、不義、不記錄[illegible]名，永世不得更改，當然不能算是孝子。

[illegible]人生的際遇中，的確有很多時候會碰到進退兩難、動輒得咎的尷尬情況，這[illegible]候就必須靜下心來，仔細地評估利弊得失，總要審慎地權衡厲害輕重，選擇傷害較小的方式去做才對，尤其不能一味地順從長輩的耽溺與糊塗。明知父親陷溺於狐媚，將要做出父親殺兒子這種昏庸無道的事來，申生不但不能盡心盡力勸諫，竟然還「幫」糊塗的父親「完成」這一樁極為邪惡的行為，陷父親於昏君惡父的大惡之名，不但不能稱「孝」，簡直就是大大的「不孝」！值得現代人深思！

真正的「孝」，是要能彰顯父母的好，引導父母能多多發揚仁愛道義，並不是一味地「聽話」、「順從」就好。尤其受教育的目的，就在於能更準確地判斷是非善惡，所以當父母意氣用事、要做糊塗事時，千萬要設法勸阻，即使因而觸怒父母，惹來一頓責打，也總比讓父母犯下不可挽回的錯誤與罪惡還來得好。

晉獻公之喪，秦穆公使人弔公子重耳①，且曰：「寡人聞之：『亡國恆於斯，得國恆於斯。』雖吾子儼然②在憂服之中，喪亦不可久也，時亦不可失也。孺子其圖之！」以告舅犯③。舅犯曰：「孺子其辭焉！喪人無寶，仁親以爲寶。父死之謂何④，又因以爲利？而天下其孰能說⑤之？孺子其辭焉！」

——〈檀弓下〉

註釋

①公子重耳：獻公死亡時，重耳逃亡在狄國，並不在晉國。

②儼然：專心致意、心無旁騖，非常恭敬的樣子。

③舅犯：重耳的舅舅狐偃，字子犯。

④父死之謂何：父親死亡是何等重大而凶禍的事！

⑤說：諒解。

不是謀位的時機

晉獻公去世的時候，公子重耳還逃亡在外。秦穆公特別派使者子顯去慰問重耳，並且轉達秦穆公的一番心意：

前人曾經說過：國君去世的時候，實在是一個國家君位轉移的關鍵時刻呀！如果不能好好把握這個重要時機，有的人恐怕就要從此喪失繼承君位的機會了；如果能妥善把握時機，想要得到國君的寶座，往往也在這個新舊交接的時候。雖

但為人子的，當父親死亡的時候，正是應該嚴肅莊敬、專心一意地為父守喪，[illegible]也能多加思考，這樣長久地流亡在外，畢竟不是辦法！尤其這樣一個重要的時機，實在不可以輕易地放棄，因此希望重耳能仔細地考慮考慮、好好地計畫計畫！

使者傳達的一番話，當然是富有深意的，秦穆公主要在探測重耳是否有意回國繼承君位。一旦重耳有意乘機回國，秦穆公自然可以有進一步的打算。

重耳將使者的意思轉告舅舅子犯，徵求他的意見。因為自從他流亡外地，子犯一直跟隨在身旁，由於子犯足智多謀，所以每當發生重大的事情，重耳都是先和子犯商量處理事情的方法。然而子犯考慮的結果，覺得這並非謀取君位的時機，希望重耳能婉謝秦國的好意，因為：

對一個逃亡在外的人而言，舉目無親地淪落異鄉，實在沒有什麼值得寶貴或重視的，唯一能值得自己感到珍貴的，無非就是遠處還有親人，還能擁有一份對於親人的愛慕與思念罷了！父親去世，是何等重大的變故，怎能利用這個機會來圖利？假如真的這樣做了，普天下的人又有誰會諒解呢？

從歷史的記載中，在這種舊君去世、新君繼位的關鍵時刻，一些政局不穩、君位繼承不明的國家，往往會出現親死而不葬，而眾子紛紛爭立、彼此互相爭權奪利的醜態。誰才是忠臣孝子，在這個時候，也是最容易一目瞭然的。在子犯的一番剖析之後，重耳很樂意接受子犯的建議，只是安分地守喪盡孝，沒有特別的舉動，由此可見他具有不汲汲於圖利的美德。再加上以前他曾經對申生提出好建議，更可以說明他懂得仁親盡孝的道理。難怪最後他能成為春秋五霸之一，而且在他去世之後，還使晉國繼續享有春秋時期的重要地位將近百年之久。重耳處世的方法，的確還有很多值得現代人參考的地方呢！

衛獻公①出奔，反於衛。及郊②，將班邑於從者③而后入。柳莊④曰：「如皆守社稷，則孰執羈靮⑤而從？如皆從，則孰守社稷？君反其國而有私也，毋乃不可乎？」弗果班。

——〈檀弓下〉

註釋

①衛獻公：在魯襄公十四年時，被孫甯所逐而逃亡，十二年後才回國復位。

②及郊：及，靠近。及郊，就是靠近都城的郊外。

③班邑於從者：班，同「頒」。從者，跟隨的人。

④柳莊：衛國的大史，跟隨獻公出奔。

⑤羈靮：羈，馬絡頭；靮，音ㄉㄧˊ，馬韁。

不可偏心

衛獻公被孫甯趕出國，在外流亡了十二年，最後終於回到了衛國，再度成為國君。當他剛剛到達都城的郊外時，就打算先把一些土地賞賜給跟隨他逃亡在外的人，慰勉他們的辛勞，然後再行進城，同時還正好可以藉此來警戒那些留在國內，沒有跟隨自己逃亡的人。

大史柳莊勸阻衛獻公不可這樣做，因為當初獻公離開衛國的時候，如果每個人都留在國內保衛國家的話，那麼的確是還有誰來牽著馬的絡頭和韁繩以跟從獻公？那些跟隨獻公出奔的人，是真的該有所犒賞。不過，反過來說，假如每一個人都跟著獻公逃亡在外，那麼又有誰代替衛獻公守衛國家呢？尤其獻公現在剛剛重返國門，最重要的就是如何收攏民心，假如一登上君位，就讓臣下感覺自己處理事情的方法有偏私之心，這恐怕就不是一件好事了。

衛獻公覺得柳莊所說的話很有道理，就沒有對跟從出奔的人頒發獎賞。

我們常說遊子歸來時，常有「近鄉情更怯」的心理，遊子心中的感覺是複雜而不知其所以然的。這時，離家前的一幕幕景象，都會像是跑馬燈一般地在腦海中一一重現；離家後的一切變化，更會透過自我的想像而自動剪接、重新組織，成為一幅幅新的畫面。這幅新構想的畫面，和實際的情形有多少差距，雖然心裡很想趕快得知，卻又很怕知道事實的真相。一般的遊子返鄉時，尚且有這許多很複雜的心理感受，至於一個流亡在外十二年的國君，好不容易可以有機會回國復位，當他愈靠近都城的時候，自然更是百感交集，情緒也會起伏動盪不已了。

衛獻公在剛要進入都城前，想著要先行賞賜跟隨自己十二年的人，站在回報他們忠心耿耿、跟從逃亡的情分上，自然也是無可厚非的。然而一個人在心情複雜的時候，卻往往是瞻前不顧後、見樹不見林的。這時假如沒有一個人從旁提供更妥善、周密的考慮，只是任憑情感用事，後果就很難收拾了。還好獻公的身旁擁有一位不是專門逢迎拍馬屁的大史，能夠適時地對獻公提出相對的看法，讓獻公覺悟國君治國本來就不可以有偏私之心，何況對於離開國家十二年後再度復國的國君，更不可以先行劃分臣民為跟隨他、不跟隨他的兩類人馬。一旦這種劃分成為事實，勢必造成國家的分化，全國就再也沒有辦法團結一心了。治理國家，最重要的莫過於獲得民心，朝政才可能蒸蒸日上；一旦分裂為二，不但國無寧日，社會動盪不安，百姓更是難以度日了！

衛有大史曰柳莊，寢疾。公曰：「若疾革，雖當祭必告①。」公再拜稽首，請於尸曰：「有臣柳莊也者，非寡人之臣，社稷之臣也。聞之死，請往！」不釋②服而往，遂以襚③之。與之邑裘氏與縣潘氏，書而納諸棺，曰：「世世萬子孫無變也。」

——〈檀弓下〉

註釋

①當祭必告：按照常理，由於吉凶不相干，因此一旦舉行祭禮時，則不中輟以接受訃告。但是柳莊爲社稷的重臣，因此衛獻公特別交代，倘若祭禮正在進行而柳莊去世，也要即時訃告。

②釋：脫下。

③襚：音ㄙㄨㄟˋ，贈送給死人穿的衣服。

衛獻公弔社稷之臣

衛國大史柳莊，臥病在床，情況很嚴重。衛靈公特別在舉行祭祀典禮前吩咐身邊的人，假如柳莊的病況陷入危急狀態，即使是自己在主持祭祀典禮的時候，也必須要立刻通報。

柳莊果然如獻公所擔心的，在他主持祭祀典禮時過世了。衛公得知這個消息以後，立刻面向代表祭祀對象的尸主，拜了兩拜，叩頭地報告這件事。因為柳莊不只是自己的臣子，更是國家的重臣，剛剛得到柳莊去世的消息，因此請求特別准許暫停祭祀的事，以便趕到他家弔喪。

向祭尸報准以後，獻公連衣服都沒來得及換，就趕到柳莊的家裡。一看到柳莊的屍體，立刻脫下身上的祭服，把祭服蓋在屍體上，表達最高的敬意。獻公並且把裘氏邑和潘氏縣都封贈給柳莊，還特地把這件事寫在簡冊上，然後放入棺木裡。簡冊上還附加了：「這種封贈，代代相傳，直到萬萬子孫，永不變更！」

柳莊陪獻公流亡在外十二年，君臣的情義自然非比尋常的君臣關係，尤其柳莊還在獻公即將進入都城的時候，阻止獻公進行一項可能鑄下的大錯，化解了一場國家分化的危機，所以獻公認為柳莊並非只是自己的臣子，更是國家的重臣，正是當之無愧的。面對著這樣一個重要人物可能隨時會撒手西歸，然而當時宗廟祭禮的時間又非常長，從早晨一直延續到黃昏，其中只有一小段短暫的休息，同時因為活動是連續而嚴肅的，所以中間不能打岔，因此必須在祭祀之前吩咐：萬一柳莊在典禮進行中過世，一定要立刻通報。可見柳莊在獻公心目中的分量。

在古代，祭服是最貴重的一種服裝。獻公一看到柳莊的屍體，立刻脫下祭服做為「襚」禮，可見獻公對柳莊禮敬的程度。獻公甚且在柳莊入棺之前，不忘贈與厚禮，而且申明世代相傳，決不變更，表明獻公對於一個國家重臣一輩子的辛勞，給予最貼心的回報，實在是一位多情重義的君主了！

現代的人際關係中，雖然不再有君臣這一倫，但是君臣之間的情義，卻可以類化轉移到長官與部屬之間。如果每個人都能擁有彼此肝膽相照、適時要對方懸崖勒馬的人，人間將會更合理而美滿了。

邾婁定公之時，有弒①其父者。有司以告，公瞿然②失席曰：「是寡人之罪也。」曰：「寡人嘗學斷斯案矣：臣弒君，凡在官者殺無赦；子弒父，凡在宮者殺無赦。殺其人，壞其室，洿其宮而豬③焉。蓋君踰④月而后舉爵⑤。」

——〈檀弓下〉

註釋

①弒：臣殺君、子殺父，或地位低的殺地位高的、晚輩殺長輩的都屬於此類。
②瞿然：瞿，通「懼」，音ㄐㄩˋ。因吃驚而瞪直了雙眼的樣子。
③洿其宮而豬：洿，音ㄨ，掘地以為池；豬，通瀦，音ㄓㄨ，使水聚積於一處。
④踰：超過。
⑤爵：酒杯。

弒父兇案的處置

邾婁定公的時候，發生了一件兒子殺死父親的逆倫事件。主管刑獄的官吏向定公報告這件事，定公驚惶地直瞪眼，坐都坐不穩，自責地認為自己沒有好好盡到教導人民、使人民懂得禮義的責任。

離開席位的定公沈思了很久，然後想起他曾經學過應該如何處理這類逆倫犯上的重大兇案：如果是臣下殺死了君主，凡是在政府單位任職的人員，對於兇手都可以隨時捕殺，不可饒恕赦免。如果是兒子殺死了父親，凡是家族中的人都可以隨時捕殺兇手（兇手的親生兒子除外），不可饒恕赦免。不但要捕殺兇手，而且要拆掉發生命案的房子，挖除地基以後，再灌上水，讓它成為一個臭水塘，沒有人願意接近。至於當國君的，也應該在一個月以後才能舉杯喝酒。

社會上發生這種逆倫事件，以前都是當作非常嚴重的案件來處理，處罰更是極其嚴厲。例如，清代的律法處理這類案件，不但緝捕兇手之外，縣長因為辦事不力而撤職，府臺也因為沒有盡到父母官教導人民的責任，還要受連帶處分、連降三級；該縣縣城的城牆推倒一面，表示該地的民風不純樸善良，因此政府無須保障該縣人民的安全；該縣的人民在三年之內，都不准參加科舉考試。這麼嚴厲的處置方式，主要是站在積極維護人倫義理、社會群體道德的立場而考慮。這種措施不但要警戒社會大眾此風不可長以外，更重要的，則在說明道德的行為必須在群體社會中實踐，而且不但政府官員具有教導人民的責任，連具有親朋友好關係的對於鄉里中的子弟，也有規過勸善的責任與義務，不可輕易推卸責任。

至於郲婁定公的做法，則是徹底消除人民對這種邪惡事件的印象，尤其是不要讓它流傳，以免不肖人士有樣學樣，造成另一個人倫悲劇的發生。因為很多犯罪事件、犯罪的手法，都是學習而來的，甚至於還會產生「青出於藍而勝於藍」的「成果」。在傳播媒體大聲標榜「社會大眾有知的權利」時，不知道媒體工作者是否也應該思考，社會也有「不被汙染」的權利，尤其當傳播媒體經常鉅細靡遺地報導罪惡與邪淫時，不能老是高唱人需要被訓練得「出淤泥而不染」來搪塞呀！對於容易接受「薰陶」的青少年，傳播媒體尤其負有相當重的社會責任。

成子高寢疾。慶遺入，請曰：「子之病革矣，如至乎大病①，則如之何？」子高曰：「吾聞之也：『生，有益於人；死，不害於人。』吾縱生無益於人，吾可以死害於人乎哉？我死，則擇不食之地②而葬我焉！」

——〈檀弓上〉

註釋

①大病：古代諱言「死」，因此以「大病」代稱。
②不食之地：不能耕種，沒有價值的土地。

臨終的遺言

齊國的大夫成子高臥病在床，當病情危急的時候，慶遺進入房間裡面探望，並且請示假如病況再沈重下去，該如何處理後事。

成子高還意識很清楚地表示：

前人曾經這麼說過：人活在世上，一定要多做一些對人有益處的事；死了以後，也千萬不要妨害別人。想想自己活著的時候，縱然沒有做過什麼對世人有益的事，難道可以死後還有害於人嗎？所以希望自己死後，大家能幫忙找一塊不能耕種的土地埋葬自己！

我們常常聽說「鳥之將死，其鳴也哀；人之將死，其言也善！」在正常的情況下，的確是如此的；因此有不少發人深省的話，就出現在臨終的遺言之中了。像「生，有益於人；死，不害於人」的生存價值觀，正述說了古人積極地求奮發、消極地要求守成的生活態度；它寫出了古人純厚、善良的本性，也說明了人對於群體無盡的關懷。

以不能耕種的土地做為墓地，是選擇墓地的傳統原則，然而能這麼明白交代後事的，似乎並不多。尤其是人的經濟狀況改善、自主性提高後，對於自己或親人身後永遠的居所，就愈來愈注重了。因此，即使是埋葬在公墓中，也總是挑三揀四的，不但要求風水好，而且還希望地要愈大愈好，很少人會考慮到在人口膨脹的壓力下，活人與死人爭地的問題只有愈來愈嚴重的現象。另外，一些財力雄厚的人，反正仗著他有大把大把的鈔票，因此只要看上風光明媚、風水絕佳的地方，錢可以幫他解決一切問題，就更不會去考慮這塊地是否還有其他更有價值的用途了。所以，能像成子高這樣提醒子孫，免得死後還會妨害人的，確實是很難得的。

對照古人的生活意識和生存的價值觀，我們可以發現他們處處表現出的敦厚與良善。聰明的現代人，請不要再推說：那些寫入經典的，當然都是一些理想的典型，怎能當真？因為，現在我們最迫切需要的，也就是該讓那些或許是「理想」或許是「事實」的敦厚影像，能多多進入我們的腦海之中！請讓我們多熟悉熟悉那些平和的場景，使我們多呼吸一下溫馨的空氣，多滋長一些人間的相互關懷與體諒吧！畢竟，現在的社會，已經愈來愈缺乏平靜與安寧的氣息了。

子柳之母死，子碩請具①。子柳曰：「何以哉？」子碩曰：「請粥②庶弟之母。」子柳曰：「如之何其粥人之母以葬其母也？不可！」既葬，子碩欲以賻布③之餘具祭器。子柳曰：「不可！吾聞之也：君子不家於喪④。請班⑤諸兄弟之貧者！」

——〈檀弓上〉

註釋

①請「具」：喪具，喪葬所需要用的各種備品。
②粥：又作「鬻」，音義都與「鬻」同，是「賣」的意思。
③賻布：賻，音ㄈㄨˋ，贈送喪家的錢財。
④不家於喪：不藉由喪贈所得而有利於家。
⑤班：通「頒」，是「分」的意思。

喪葬費用的取與

子柳的母親去世了，弟弟子碩提議賣掉庶母，然後用所得的錢來購買喪事所需的備品。子柳認為賣掉別人的母親來埋葬自己的母親，實在不合情理，因此阻止弟弟做這種事。

葬禮完畢後，子碩又想動用親友喪贈所餘的錢財來購買祭器。子柳還是認為一個君子是不願意葬別人喪禮的饋贈來賺錢的。喪贈是親友特別幫忙喪事花費的贈禮，實在不宜移作他用，雖然日後需要祭器，不過，還是等以後再想辦法。由於喪葬費用有結餘，所以子柳主張還是把這些結餘的錢財分給兄弟中貧窮的人。

從子柳兄弟二人處理喪葬費用的態度與方式不同，可以看出他們兄弟兩人的為人與操守各有不同：

子柳為人處事，講求合乎仁義道理，不取非分、不義之財。雖然母親死亡，準備喪葬器具的確需要一筆經費，但是對於賣掉父親的妾（庶弟之母）以換取錢財，則期期以為不可。因為自己的母親，自己的兄弟當然曉得要孝敬照顧她，一旦死亡，也懂得應該好好為她辦理喪事。至於庶弟的母親，雖然不是自己的母親，但是她也是別人的母親，她的子女自然也會希望要好好孝敬照顧她，當然不能自私地為了埋葬自己的母親，而賣掉別人的母親。另外，從他不囤積喪葬的結餘，而把它分散給宗族中的貧苦兄弟來看，他的確是一個處事相當有原則的人，而且還能實踐友愛宗族兄弟的道理。從這些地方，都可以看出子柳是個宅心仁厚的君子。

至於子碩，則顯現出他自私貪財的性格。他不惜以賣掉別人母親的方法來埋葬自己的母親，凸顯出社會中本來就有一群人，只知有己卻不知有人的心態，「人人為我，我不為人人」是這種人最真實的寫照，對於犧牲別人總覺得是應該的，至於要他拔一毛以利天下，則打死他，他都不幹。至於對錢財的觀念，認為只要進入自家的帳房，管他這筆經費是不是專款，有沒有專用的原則，隨時可以「靈活運通」。這種理財心態，也不能說絕對不好，但是由於這種人「靈活運通」的原則很難把握，這就可能隨時要因為「周轉不靈」而製造大問題了。

青年們學習為人處世的方法，正可以從不同的對象中，多做觀察和評估，然後選擇適當的效法對象。

魯莊公及宋人戰于乘丘。縣賁父御，卜國爲右①。馬驚，敗績，公隊②。佐車授綏。公曰：「末之卜也。」縣賁父曰：「他日不敗績，而今敗績，是無勇也。」遂死之。圉人③浴馬，有流矢在白肉④。公曰：「非其罪也！」遂誄⑤之。

——〈檀弓上〉

註釋

①右：車右；春秋時代，站在統帥車上右邊以保護統帥的戰士。

②隊：同「墜」，指墜落於馬下。

③圉人：圉，音ㄩˇ，負責養馬的人。

④白肉：馬後腿內側的肉。流箭射中這裡，不容易被發現。

⑤誄：列舉死者的功績德行以稱頌死者的文字。

死後的殊榮

魯莊公和宋國人在魯國的乘丘作戰。莊公所乘的戰車，由縣賁父擔任駕御，卜國則是站在車右的武士。

當兩軍交戰時，突然間莊公的馬好像受到驚嚇而不受控制，所以亂了行列而影響全局，使魯軍吃了敗仗。在這一場騷亂之中，莊公竟然被摔出了車外，情況相當危急，幸虧副車從後面趕來，緊急地拋下繩索，才把莊公拉上車去。

驚魂甫定的莊公，當然不免要埋怨卜國過於懦弱，沒有盡力，以至於大軍吃了敗仗。擔任駕御的縣賁父，則更是自責從來駕車都不曾失誤，不料這次駕馭戰車，竟然在戰場上出狀況，打了敗仗，該算是自己不夠勇敢吧！於是縣賁父和卜國都奮勇地衝向敵陣，終於戰死在沙場上。

戰事結束後，管馬的人在洗刷戰馬時，發現擔任莊公車駕的馬匹，在後腿內側插著一支流箭，於是大家才明白馬匹突然驚嚇失控的原因。

莊公理解這次的失敗並不是縣賁父和卜國兩人的過錯，於是根據他們奮勇殺敵，為國犧牲的事實，特地為他們宣讀誄文、追贈謚號，以示褒揚之意。然而以士的階級而得到誄文謚號的，還是從這一次的事件才開始的。

由於頒給誄文與謚號的目的，主要在於哀悼紀念死者生平的德行和事蹟，代表給予永遠的追念。然而在周代的禮制中，由於士的階級較低，因此對於士，並沒有加讀誄文、封與謚號的禮儀。因此這一次對於士的特殊贈與誄謚算是破例，於是關心禮的人特別加以記錄，使後人可以知道當時禮制改變的緣由。

我們都知道戰士的天職，就是勇敢地奔赴沙場以保國衛民，並且要求全力以赴，因此自古以來，擔任軍職的人由於注定要從事高危險性工作，因而必須是膽識忠誠兼備的特殊工作者。由於軍士的人數眾多，所以勇於犧牲的人當然也不在少數，因此雖然訂有褒揚撫卹的辦法，然而在一般情況下並不加誄謚。至於莊公的破例頒贈謚號，主要還在於莊公先前怪罪武士不勇敢、不盡力，車駕又不聽指揮、自亂行陣。想想看，這種怪罪與責備，對於武士與駕御者而言，實在是對於他們工作的全盤否定與致命性的打擊！然而事情的真相卻不是如此，這就難怪莊公必須要有特殊的表示了。因此，多多嘗試探查造成「破例」的原因，對自己將來如何決斷事情會更具有實質的幫助，更可以理解何時該「援例」辦理，何時又不能盲目「援例」辦理了。

曾子曰：「晏子可謂知禮也已，恭敬之有焉。」有若曰：「晏子一狐裘三十年，遣車一乘，及墓而反。國君七個，遣車七乘；大夫五個，遣車五乘。晏子焉知禮？」曾子曰：「國無道①，君子恥盈②禮焉；國奢，則示之以儉；國儉，則示之以禮。」

——〈檀弓下〉

註釋

①國無道：國家的政治不上軌道。

②盈：圓滿充實。

晏子知禮行禮

曾子非常讚美晏子是一位懂得禮的君子，認為他不但外貌謙恭，而且內心還非常誠敬，是個難得的人物。

有若不贊成曾子的看法，而認為：

晏子的狐皮袍子，一穿就是三十年，也未免太過分節儉了！這種過度節儉的人，哪裡會懂得禮呢？另外，他家辦理喪事時，用來裝載分段牲體運往墓地所用的遣車竟然只有一輛，而且送到墓地，一等下葬完畢，就立刻回家去了，又省掉一切招待賓客的禮節，這不但是太過於節儉，而且簡直就是不合禮數了。因為按照禮制的規定，國君下葬時，用來陪葬的牲體共有七包，所以遣車就有七輛；至於大夫陪葬的牲體則有五包，所以遣車就該有五輛。晏子因為過度節儉而破壞禮制，又怎能算是懂得禮的人呢？

面對有若的反駁，曾子做了進一步的說明：

當國家政治情況不理想的時候，一個有道德修養的君子，是不願意照著一些虛有其表的外在規定去做，而且還要故意裝出做得很圓滿的樣子的。在這種不順理的狀況下，君子的作為和禮制的規定，自然就有所出入了：當全國上下都習慣於奢侈糜爛的生活時，君子就要以身作則，以節儉的榜樣，讓一般人理解君子不奢靡的生活態度與方式，然後才能進而要求社會大眾改善風氣。當全國上下都習慣於太過簡樸的生活時，君子就需要提倡禮制的標準，並且率先執行，讓大家曉得最起碼的禮數是應該切實遵守的了。

在我國的歷史上，晏嬰的節儉是出了名的，然而他對族人慷慨捐輸，照顧了眾多族人也是大家有目共睹的；可知他不是吝嗇，而是注重實質的意義。禮，雖然有一些既定的節度與儀文等外在形式，但是一旦過於注重表面的形式，而忽略它的精神內涵與實質意義，就需要加以矯正了。所以當齊國上下都習慣於奢靡的風氣與生活方式時，晏嬰就以大夫的身分，躬行實踐十分節儉的生活方式，就是希望社會人士能群起仿效，以達到逐漸扭轉社會風氣的目的。

當社會風氣敗壞時，光講空話是無濟於事的。最切實有效的，當然是在上位的人能切實以身作則，不過，更實際的是每一個小市民都要好好要求自己，因為只有要求自己才是最可靠的。晏嬰就是一個最好的實踐範例。

文伯之喪①，敬姜據②其床而不哭，曰：「昔者吾有斯子也，吾以將爲賢人也，吾未嘗以就公室③；今及其死也，朋友諸臣未有出涕④者，而内人皆行哭失聲。斯子也，必多曠⑤於禮矣夫！」

——〈檀弓下〉

註釋

①文伯：敬姜之子。
②據：依憑、靠著。
③公室：辦理公務的地方。
④出涕：流淚。
⑤曠：荒廢。

敬姜傷子

敬姜的兒子文伯死了。敬姜憑靠著文伯的床而沒有哭，覺得非常感慨，若有所思而喃喃自語地說道：

以前這孩子還活著的時候，自己總以為他日後會成為一個有才德的人，所以從來也沒有到他辦事的地方去。現在，他死了，沒有看到朋友與工作同仁們為他悲傷落淚的，倒是妻妾女侍各個難過得為他痛哭失聲、流淚不止。或許這孩子對於為人處世應有的禮是早就荒廢了。

敬姜的暫時停止哭泣是深有感觸的，所以《孔子家語》中，還可以發現記載著敬姜告誡文伯的妻妾女侍們的一段話，希望她們即使因為子伯的死而感到悲傷難過，哭也要哭得得體，以免讓兒子落了一個「好內」（喜歡接近女色）的稱號。

我們都知道敬姜是中國歷史上知名的賢母，從她「論勞逸」的精彩片段，更知道她的明理與教子有方。由於她懂得觀微知著的道理，能從細微的小事而明瞭兒子的賢或不肖；而當她知道兒子荒廢於禮時，更不忘告誡子婦們妻妾哭夫該有的禮節，可以說是真正懂得哭喪的分寸了。孔子就曾經因為她居喪時哭泣得體，而稱讚她真是個懂得禮的人：當她居夫喪的時候，總是在白天的時候啼哭；因為寡婦不夜哭，就是免得被人誤會是夜裡懷念男女私情。至於當她居兒子文伯之喪時，則是不分白天夜裡都哭；因為母子骨肉情深，悲傷哭泣是自然的。由於母子之間沒有男女私情之嫌，所以也就沒有夜哭的顧忌了；可見「哭」還有一套學問呢！

我們常說「物以類聚」，其實是很有道理的；我們只要觀察一個人周圍朋友的類型，就可以更明確地知道那個人的性格和為人。敬姜就是運用這種道理而了解兒子的行為有所偏頗的。所以，如何選擇一個比較優良的「類」，而使自己成為該團體中的一份子，實在是很重要的，因為人是很可以受「薰陶」的。因此要近朱或近墨，就要看個人能否作明智的選擇了。

能常常和父母談談受到哪些類型朋友的「薰陶」，就可以使自己更容易走進芝蘭之室，聞到芝蘭之香。久而久之，自己也能發散出陣陣的清香。其實，只要我們願意去接近香氣的來源，我們不但可以薰香自己，同時也可以薰香別人的。

吳侵陳，斬祀、殺厲。太宰嚭曰：「古之侵伐①者，不斬祀②、不殺厲③、不獲二毛④；今斯師⑤也，殺厲與！其不謂之殺厲之師與？」（夫差）曰：「反爾地、歸爾子，則謂之何？」曰：「君王討敝邑之罪，又矜而赦之，師與！有無名乎？」

——〈檀弓下〉

註釋

①侵伐：侵略討伐。
②斬祀：砍伐土地神廟旁的樹木。
③殺厲：殺害生病的人。
④二毛：鬢髮斑白的人。
⑤師：軍隊。

太宰嚭以禮退吳軍

吳國的軍隊侵略陳國，在陳國境內砍倒了土地神廟附近的樹木，又殺死了患有厲疫的人。

由於太宰嚭以機智、會說話聞名，因此陳國特別派他為使者，負責送吳軍出境。由於夫差有意試探太宰嚭的能耐，就故意問太宰嚭要如何稱呼自己的軍隊。太宰嚭於是正好利用這個大好時機，以巧妙的言語述說「禮義之軍」和「殺厲之師」的不同：古代的軍隊在攻打敵國的時候，是不會砍倒人家土地神廟旁的樹木，也不會殺死生病無助的人，更不會俘虜那些頭髮斑白的老人！然而吳國的軍隊就不是這樣了。既然殺死了陳國許多生病的人，那就正好可以稱為殺害病人的軍隊了！

驕傲自大成性的夫差聽到這一番話，當然十分不高興，不過還是繼續追問直言不諱的太宰嚭：倘若歸還陳國土地、送回被俘虜的人，那麼又該如何稱呼這種軍隊？

太宰嚭正好乘機以禮義稱許夫差，說明由於陳國自己有錯，因此有勞夫差率領軍隊前來討伐，倘若夫差能哀憫陳國的百姓而加以赦免，那就是合乎禮義的大軍了，哪裡需要擔心大軍沒有正式的名義呢？

太宰嚭的一番妙言妙語，終於使夫差心甘情願地歸還失地和俘虜。

本來兩國交戰就免不了互相攻擊敵人以求勝利，也少不了以殺害和破壞的手段來消除障礙。不過，機智的太宰嚭卻能首先凸出大義之軍，有三項「不」做的行為——不砍人神樹、不殺害病人、不俘虜老人。同時又抓住夫差好強好勝的心理，使夫差覺得這次戰爭的結果雖然獲勝，但是卻不光榮，造成夫差感覺自己專門在欺負老弱殘病、攻擊沒有防衛能力的人（甚至於連神樹也砍）。然後再用激降法讓驕傲自大的夫差感覺自己的作為不是大丈夫應有的行為。最後更透過「殺厲之師」與「大義之軍」的對比，讓夫差屈服於「大義」之下，樂意歸還失地和俘虜。

要想擊退敵軍、重復山河，有勇無謀是成不了大事的；能知己知彼才能克敵制勝。倘若能夠以禮退敵、以義服人，就更是上上之策了。不過，要具有這種本事的先決條件，就是要先懂得何謂「大禮」、何謂「大義」！然後才有可能靈活運用「大禮」、「大義」！不是嗎？

歲旱，穆公召縣子而問然①，曰：「天久不雨，吾欲暴尪②而奚若③？」曰：「天久不雨，而暴人之疾子，虐，毋乃不可與？」「然則吾欲暴巫④而奚若？」曰：「天則不雨，而望之愚婦人，於以求之，毋乃已疏乎？」「徙市⑤則奚若？」曰：「天子崩，巷市七日；諸侯薨，巷市三日。爲之徙市，不亦可乎？」

——〈檀弓下〉

註釋

①召縣子而問「然」：語尾助詞。

②暴尪：暴，音ㄆㄨˋ，曝曬。尪，音ㄨㄤ，有殘疾羸病的人。

③奚若：就是「何如」，詢問對方意見的意思。

④巫：古代擔任人神之間溝通的女巫。

⑤徙市：由於發生特殊事故而遷移平常交易的處所，改在里巷之間交易。

求雨的方法

由於境內鬧旱災，於是魯穆公請來縣子商討求雨的方法。

穆公首先提議曝曬那些因為生了重病，而瘦得兩眼深陷、顴骨突出朝天的人，希望老天因為可憐這種人而下雨。縣子則認為因為老天很久不下雨，而想抓人家的病人來曬太陽，也未免太殘忍了，恐怕是不可行的！

穆公接著又想曝曬負責求雨的女巫。縣子則認為老天不肯下雨，竟然把希望寄託在愚昧的婦人身上？用這種方式求雨，恐怕是太離譜了！

穆公再考慮採用其他的方法，於是想要發動罷市、徙市的方式，禁止一般市場上的正式買賣，以表示人民哀悼之情。縣子這次則認為這倒是可行之策，因為按照禮制，如果天子崩逝，那麼應該罷市七天；諸侯去世，則罷市三天，藉以表示全民的哀悼。現在魯國境內因為天久不下雨，到處乾旱成災，人民都感到很痛苦，如果因此而罷市，這倒是可以的！

因乾旱而祈求上天下雨，本是人之常情；但是，要選擇怎樣的方法求雨，才不會違背情理，就不能不審慎考慮了。周代的時候，每當夏季來臨之初，就會固定舉行祭典，祈求上天能普降甘露以防旱災發生；倘若還是不幸發生了旱災，那麼就另外再舉行特別的求雨祭典，這種特別祈雨的祭典中，主要是呈現人民窮苦無助的樣子，讓上天看到後，能因而同情悲憫這些受災的人，以致降下甘霖紓解人民的苦痛。

舉行祈雨的祭典和天到底下不下雨，未必有什麼必然的關係。不過，假如舉行這種祭典對人並沒有損害，而且能藉此機會讓大家重視乾旱的問題，而懂得資源的取得不容易，進而能更加珍惜資源的利用，這就是另一項收穫了。縣子否決了曝曬病人、女巫的作法，理由是那樣做不但無濟於事，而且還害人不淺，所以不可以做。至於使用罷市求雨的方法，因為無損於人，而且還能增進國君自我反省的習慣，所以縣子並不反對。從徙市求雨的例子，倒可以啟示我們：處理任何事情，都應該以不能害人為最低限度的原則。

晉獻文子成室①，晉大夫發②焉。張老曰：「美哉輪焉，美哉奐焉③！歌於斯，哭於斯，聚國族於斯！」文子曰：「武也，得歌於斯，哭於斯，聚國族④於斯，是全要領⑤以從先大夫於九京也。」北面再拜稽首。君子謂之善頌善禱⑥。

——〈檀弓下〉

註釋

①成室：新屋落成。
②發：發起祝賀的活動。
③美哉輪焉、美哉奐焉：哉，助詞，形容建築物壯觀寬廣、宏偉漂亮。
④聚國族：和國中的宗族僚友聚會宴飲。
⑤全要領：要，即腰；領，指頭。全要領，指沒有受到刑戮而得善終。
⑥善頌善禱：指張老善於讚美、趙武善於祈福。

善頌善禱

晉國獻文子趙武新蓋的屋舍落成了，於是國內的大夫們紛紛發起了祝賀的活動，並約好大家一起去參觀新房子。

在參觀與祝賀的行列中，張老作了這樣的讚美：真是美觀又雄偉，漂亮又明亮呀！有這麼寬廣高大的房子，足夠在這裡舉行祭典、演奏歌唱了！也足夠用來辦理喪事、悲傷哭泣了！更足夠用來舉行盛大的宴會、招待宗族與同僚朋友了！

趙武聽出張老讚美的話中，還隱含了規勸的意思，就感謝地表示：假如自己真能在這裡舉行祭典、演奏音樂，能在這裡辦理喪事、悲傷哭泣，能在這裡舉辦宴會、招待宗族僚友；那就表示自己今後必須要更戰戰兢兢，隨時小心謹慎地愛惜生命，將來才能得到善終，也才能和祖先合葬於九原地下了。

趙武表示了由衷感謝的意思以後，面向北方拜了再拜，頭俯在拜手之上，久久才抬起來，態度非常恭敬虔誠。

有德的君子都認為張老善於讚美，而趙武則是善於自求多福。

能根據事實讚美人而不顯得阿諛奉承，在現代的社會裡，已經算是難得的了。至於能在讚美之中還能進行規勸之意的，就更不簡單了。因為現在的人，很少有人不喜歡專揀好聽話聽的，明明只有一、二分的實質，他偏偏可以吹噓到十幾二十分，而且還不會覺得不自然，反正大家都很清楚「凡事不必太認真」、「發條不要上得太緊」、「說說罷了，何必當真」，於是「讚美」和「溢美」也沒有什麼差別，對於當事人自然就沒有什麼有益的成分了。反過來說，這些話不但對於為人處世沒有任何助益，還會慢慢養成虛有其表的作假風氣，就不能不說有些事態嚴重了！

不過，要別人能對自己多進忠言，也需要自己能養成聽真話、聽實話的良好習慣，更要懂得如何從別人的話中，去挖掘意在言外的涵義。像趙武能夠理解張老說話的用意，也算是真懂得聽話的玄機了。他不但能聽懂，而且還能以十分謙遜的態度，誠懇地接受對方規勸的一番美意，表明自己會更加自我惕勵的決心，這就是非常難得的了。這種善頌善禱的典型，更是現代人急須多加仿效的。

公叔文子卒，其子戍請謚①於君曰：「日月有時，將葬矣。請所以易其名②者。」君曰：「昔者衛國凶饑，夫子爲粥與國之餓者，是不亦惠乎？昔者衛國有難，夫子以其死衛寡人，不亦貞乎？夫子聽衛國之政，修其班制③，以與四鄰交，衛國之社稷不辱，不亦文乎？故謂夫子『貞惠文子』。」

——〈檀弓下〉

註釋

①**謚**：「謚」爲正字，宋代之後誤寫爲「諡」。古代人死之後，將其一生的功過得失，以一字或數字概括之，且成爲該人一生之定論。

②**易其名**：古代人死之後，得有「謚號」者，即以「謚」爲稱，不再稱名，而有避名諱之說。

③**班制**：尊卑之差等。

人死留名

俗話常言道：「虎死留皮，人死留名。」又說：「蓋棺論定。」一方面希望能留給後代子孫永遠的懷念，另一方面，則不希望再直斥尊長之名，而有不敬之意，於是發展出立謚以避諱的方法。這種死後留名的想法，對於中國人而言，不但是根深蒂固的觀念，而且還莫不希望在蓋棺之時，能得一善名以終。

古代的謚法制度，有公謚與私謚兩大類。實施謚法制度之目的，正是為一個人一生所有的功過得失、學行美惡等等事蹟，在蓋棺之時，作一客觀而公正的評斷，且留給後人永遠的取法榜樣或戒鑑的對象，具有「勸善懲惡」的作用。古代這種謚法制度，對於穩定社會秩序，推動社會溫情，樹立正確的是非價值觀，以及標榜令人歌頌的人格典範，都極為有功。這也就是自周代以至於清朝，其中除卻秦始皇時代曾短暫廢止謚法之外，議謚制度延續幾近三千年而不廢的原因。

所謂「公謚」，大體上是大夫以上的貴族既死，就由其後代向國君提出「請諡」的要求，而恭請國君「頒諡」，以取代其原本之名。至於「私諡」，則不須經由官方擬定頒行，而由後代子孫追加先人之美稱，甚至於也有妻為夫立諡號者，例如有名的「柳下惠」之「惠」以及「黔婁康」的「康」之諡號，都是得自其妻的千古美談。其他尚有弟子門生對於師長，也可能為民間對於德高望重之賢達、忠義節烈以及孝悌之士給予諡號，以為永遠的懷念景仰之意。

公叔文子即是衛大夫姬拔，乃衛獻公之孫。姬拔死後，即由其嗣子戍向當時的國君衛靈公請求賜諡，希望國君能根據姬拔一生的事蹟而為之立號。衛靈公乃根據姬拔一生為衛國有功的三大事蹟而頒給諡號：

以前衛國遇到穀物不熟的凶饑之年，姬拔施粥以賑濟貧窮飢餓之百姓，這種慈惠百姓的行為，根據「愛民好與，曰惠。」的諡法原則，可以稱為「惠」。

過去衛國大夫齊豹等作亂，殺死衛靈公之兄孟縶。當此危難之時，姬拔曾不惜犧牲性命以保護衛靈公逃亡，可以稱得上是忠貞不二的行為，因此根據「大慮克就，曰貞。」的諡法原則，可以稱為「貞」。

姬拔主持衛國的朝政，能有效的排定尊卑先後的等差順序，且能以禮與四鄰交互往來，使衛國之社稷不受到玷辱，這種博於文的知禮行為，根據「道德博文」、「愍民知禮」皆可謂之「文」的謚法原則，可以稱為「文」。

衛靈公綜合姬拔的三大功蹟，於是頒給姬拔「貞惠文子」的美好謚號。由於「慈惠愛民」於謚法原則中，也可以稱為「文」，因此「貞惠文子」又可以以「文」簡單統稱之。衛靈公頒給姬拔此一美謚，不但可以給姬拔的後代子孫留下永遠可供懷念的美好形象，也給國人以及其他所有的人，留下足以取法的良好榜樣。

在古代人的心目中，就是存有希望萬古流芳的想法，才能成就歷史上無數個可歌可泣的故事，也解除了許許多多民族存亡危急時的惡夢，對於維繫社會道德與人倫大義都發生過重大的影響，更是安定社會秩序的穩固磐石。因此為了區別忠奸善惡，達到謚法可以「勸善懲惡」的目的，所以訂定了美謚與惡謚，分別與人的善惡行為相對應：使具有善行的人能獲得善名，生生世世受到後人的景仰與留念；使具有惡行的人能獲得惡名，生生世世受到後人的唾棄與不恥。

對於一個既死的人，不論是給予美名或惡名，對於死者本身，其實沒有什麼實質的意義，但是，如果後代的人能因而受到激勵或警惕，那麼謚法對於社會教化就是功德良深了。千萬要革除「不能流芳百世，也要遺臭萬年」只求成名的病態意識！當「陳進興」也可以成為「悲劇英雄」時，那麼這個社會的「悲劇」註定就要無盡地綿延了！一旦「名」與「實」發生了紊亂，這就是真正的「社會悲劇」了！因為，你是否也應該替那些被這種「悲劇英雄」蹂躪摧殘的生命，試想過一個適當的「封號」？用「誰教他們倒楣」是無法搪塞一切的！

石駘仲①卒，無適子②，有庶子六人，卜所以爲後者。曰：「沐浴、佩玉則兆。」五人者皆沐浴、佩玉；石祁子曰：「孰有執親之喪而沐浴、佩玉者乎？」不沐浴、佩玉。石祁子兆。衛人以龜爲有知也。

——〈檀弓下〉

註釋

①石駘仲：衛大夫石碏之族。駘，音ㄊㄞˊ。

②適子：正妻之子爲適子。適子即嫡子。適，音ㄉㄧˊ。

舉頭三尺有神明

石駘仲去世的時候，沒有嫡子，但是卻有庶子六人。在難以選定繼承人的情形下，決定以占卜的方式選擇繼承人。由於父系社會下的家族繼承人之地位相當崇高，具有統領族人的權利，因此庶子們多有希望自己能成為家族繼承人的慾望，以致不免要向負責占卜的人打聽怎樣才可以獲得吉兆。占卜的人告訴庶子們，洗頭、洗澡，然後戴上玉佩，就可以得到吉兆，於是六個庶子中的五個，都按照占卜的人所說的方法去做，其中只有石祁子例外。

石祁子認為父親死亡，孩子們悲痛哀傷都已經來不及了，更何況還得勉力在滿懷悲傷的情形下為親人辦喪事，哪有心情以及閒功夫沐浴佩玉，以整肅自己的儀容？石祁子認為沐浴佩玉是有違情理的事，因此並不和眾兄弟們一起沐浴佩玉以求吉兆。

占卜的結果，得到吉兆的竟然是沒有沐浴佩玉的石祁子，而非其他已經沐浴佩玉，做好一切求吉準備的五個庶子。對於這件事，衛國人都以為舉頭三尺有神明，靈龜在冥冥之中確實已發揮它的靈感能力，能辨別出誰才是真正的賢者。

按照一般正常原理，男子佩玉以求舉止有度，乃日常生活須知，本來就不必多說。至於進行占卜之前必須齋戒沐浴，以端莊自己的容貌、整肅自己的心意，也是祭祀占卜前之常規。然而這些生活常規，在遭遇至親之喪時，卻必須一一打破，才能為處在這種非常狀況下的當事者，求得自我心情與外在突發狀況相對平衡之狀態。由於禮本於人情，因此遭遇親喪之時，最合乎禮的狀態，即是順從人情之自然，單純地流露悲傷之情，一心一意只為親人辦好人生的最後一件事，而不是歧出心思，把念頭放在如何謀得家族繼承人的地位上動腦筋。

石祁子因為最不刻意於繼承人地位之追求，一心只遵照服喪盡哀的居喪原理，實可謂為有德之賢者。如此有德之賢者能獲得龜卜之吉兆，正是得乎天理而應乎人心的結果；衛人以為龜甲靈驗，也非屬虛言。

當然，這則故事並不在於說明龜甲的確靈驗，而鼓勵大家多進行靈龜占卜。重要的，乃在於說明以真誠之心做該做之事，是生命中最可貴的根柢，畢竟富貴自有天命，本非強求可得，也不應該強求而得。誠實做人，老實做事，一切順從人情義理去做，才是獲得坦途的最可靠保證。

悼公之母①死，哀公爲之齊衰②。有若曰：「爲妾齊衰，禮與③？」公曰：「吾得已乎哉？魯人以妻我。」

——〈檀弓下〉

註釋

①悼公之母：悼公爲魯哀公之子，其母爲哀公之妾。

②齊衰：音ㄗ ㄘㄨㄟ。夫爲妻，於禮，應服齊衰；爲妾，則不同。依禮，士對於妾，生有孩子的，則爲之服緦麻，無子則已。至於大夫以上，則爲妾無服。

③與：通「歟」。

哀公非禮文過

按照禮制的規定，因為夫妻屬於牉合的「一體至親」，彼此相互匹敵而同貴賤，因此夫為妻所服的喪服，屬於至親的齊衰之服。至於為妾，因為妾的地位低下，不能與夫同體，尊卑更有不同，所以即使是屬於士階級的人，為有生育的貴妾，也才服緦麻而已，倘若是大夫以上身分的人，則為妾無服。禮制之所以有這樣的差別規定，主要在於凸顯丈夫與正妻的「一體」性，彰顯妻的地位獨尊於眾妾的特殊地位，以確定誰才是家族正統的觀念。

悼公的母親是哀公的妾，當她去世之時，哀公竟然為她服齊衰之重服。有若因此譏而詢問哀公：「為妾服齊衰之服，難道合乎禮嗎？」沒想到哀公竟然回答：「難道我能不這樣做嗎？國人早就把她當作我的妻子看待了。」

哀公不懂得明辨妻與妾之分，紊亂妻妾之名分，已經屬於不合禮法之事。面對有若的質問，哀公竟然還文過飾非，辯稱國人早已把悼公的母親當作是自己的妻子看待，因而不能不以對待妻子的禮節來對待她。哀公如此作為，明顯已經犯了雙重過失，難怪孔子要在〈哀公問〉中，必須對哀公大談特談大婚之禮的重要。

由於「男女有別，夫婦有義」是一切人倫之根本，倘若夫婦之道能得正位，則推而能使父子有親，且使君臣各得其相待之義，因此古代天子與諸侯的婚禮最為莊嚴隆重。雖然貴為天子與諸侯之尊，仍然必須穿上最尊貴的冕服以親迎新娘，就是要培養君主具有恭敬愛人的態度。君主要如此敬重妻子，因為妻子不但是一家的主婦，家族正統命脈的維繫者，更是一國之國母，地位特別重要。然而妾的身分地位則明顯與妻不同，在迎娶當天即相當清楚，媵妾即使再得寵，都無法與妻相提並論。一般層級不高的貴族尚且必須嚴格區分妻妾之別，身為天子與諸侯的尊位者，更應該以身作則，不可率先破壞規矩，製造人民仿效的壞榜樣，以免淪於人倫解體、家族成員關係緊張、社會組織不穩、君位繼承體系出現危機的狀態。

死而不弔者三：畏①、厭②、溺③。

——〈檀弓上〉

註釋

①畏：受兵革而死。

②厭：通「壓」，音ㄧㄚ，被重物壓死。

③溺：因游泳而溺死。

死而不弔之禮

人一死而不可復生，這是人盡皆知的事。死亡是人生中極其悲哀的一件事，依照正常狀況，鄰里中有人死亡，為死者表示哀傷悼念之意，是合乎情理的。然而禮書中竟然明文列有因為畏、厭以及溺而死亡者，雖死而不弔的重要原則，當知其中必然有特別之原因，否則不會有如此不通人情的做法。

所謂因「畏」而死的，《白虎通》說是「兵死」。再追究「凡死於兵者」的「兵死」的真正涵義，則應該指做出不合道義的事，以致因罪被殺。對待因罪被殺之人不給與弔亡之溫情，其旨又在於教導生者：應於有生之年謹言慎行，處處戒慎恐懼，不可為非作歹，以免罪罹其身，使先人蒙羞，甚至於禍遺子孫。

這就是曾子所說的，假如有人因罪判刑，致使其肢體受到毀傷，家族遭受奇恥大辱者，則人君不以此人為臣，士人不與之交友，這種人也不得擔任祭禮之尸，死也不得葬在家族的族墓群中。換句話說，古代因為注重家族觀念，所以具有根深蒂固的「生是同一家的人，死也是同一家的鬼」之想法，因此透過兵死者不得葬在族墓中的最後、最嚴重的懲罰，提醒所有的族人不可以作姦犯科，以免辱及先人及子孫，而被排除在參與族葬的資格中。

所謂因「厭」而死的，即是被壓而死。所謂千金之子尚且知道愛惜自己的生命，不立於危牆之下，以免被隨時都有倒塌危險的牆壓死；身為士人君子，更應該懂得處處提防四周圍是否有危險，而隨時加以防範。如此一來，豈有被山巖危牆壓死的可能？由於被壓致死的，都是一些輕忽自己的生命，把自己隨時置身於危險環境之中，並非得正命而死的，因此雖死而不足為之哀悼。

所謂因「溺」而死的，乃指因游水而溺斃者。雖然水火是人們生活中不可或缺之要件，不過水火無情也是人人皆知的事，因此對於水火可能造成的災害處處加以防範，也是生活中的大事。尤其古來有「行船走馬」尚且有三分險之說，則對於游泳而不搭乘舟船的，當然會覺得危險性更高。面對游泳的高危險活動，倘若再不格外提高警覺，保持水深勿近、體力不支莫逞強的最高警戒，導致發生溺斃的事件，則是輕身忘孝的行為，因而也是雖死而不值得為之弔亡的。

臺灣屬於溼熱天候的海島地形，四面環海，每年發生玩水溺斃案件的數量實在不計其數，因此對於古代溺死而不弔的警戒條例，為人子者更應該有深切的省悟。每當看到螢光幕前閃過父母在岸邊撫摸愛兒溺斃的屍體而嚎啕痛哭的鏡頭，那種白髮人痛哭黑髮人的哀悽場面，怎不讓人非得多多思索古人的呼籲，提醒大家謹防樂極生悲的苦心與深意！

陽門①之介夫②死，司城③子罕入而哭之哀。晉人之覘④宋者，反報於晉侯曰：「陽門之介夫死，而子罕哭之哀，而民說⑤，殆⑥不可伐也。」

——〈檀弓下〉

註釋

①陽門：宋國國都的城門名。

②介夫：衛士。

③司城：司空。宋國因爲避宋武公名司空之諱，而改司空爲司城。

④覘：ㄓㄢ，偵查窺視。

⑤說：ㄩㄝˋ，通「悅」。

⑥殆：ㄉㄞˋ，恐怕。

官民同心之國不可侵犯

儘管宋襄公能否列入春秋五霸之一的地位，由於歷史上有不同的歸屬法，而顯得並不一致，不過宋襄公獨樹一格扛著「仁義大旗」的作戰方法，在「春秋無義戰」的時代裡，卻不能不說是相當特別的人與事。

由此可見宋國雖然是個小國，但是國君標榜仁義的作為卻有一段相當長的歷史，因此國力縱然不強，卻可以維持宋國長久的命脈，而不被他國消滅。由於國君注重仁義，因而其影響所及，為官之人多能仁愛百姓，凡是百姓有了喪事，當官的都能盡力幫助，也可說是上行下效的結果。

子罕為宋國的司空，因為對於喪家真情流露哀悼之意，因而深得人民的擁戴。晉國派往宋國打聽國情的探子，特別將宋國官民一心的情形稟報晉國國君，還向國君述說此時不可進攻宋國的道理，可說是相當有見識的。

宋國處在晉與楚兩大強國都在窺伺的位置，國力又弱，就不能不講求更有效的在夾縫中求生存的立國之道。宋國最重要的立國資本，就是講求仁義，實踐仁民愛民的為政之道，因而能掌握民心、民情，一旦用兵，也能得到百姓之擁護。因此晉國雖然比宋國強大，但是率先發動戰爭的結果，不但要付出相當大的代價，後果也很難預料，所以派在宋國的探子認為宋國不可攻伐，是有道理的。

其實官民一心之國不可侵犯的道理，在現代也是一樣。哪個國家若能全國上下一條心，自然能同心協力從事各項建設，提高競爭力，開創經濟新氣象。一旦經濟蓬勃發展，社會趨於穩定，即使地方不大，國際之間也不敢輕視這個國家。例如新加坡之小，乃舉世皆知的事，然而他政局穩定、進步繁榮，更是舉世聞名，所以國際間沒有國家敢輕視、侵犯他。

三十年前的臺灣曾以全民的勤奮，不但締造了許多經濟奇蹟，而且還因為民心樸實，而造就一個可以穩定發展的環境。然而曾幾何時，臺灣的經濟要想抓住亞洲四小龍的尾巴都有困難，社會風氣與治安之敗壞，民心之惶惑與不安，已到了極其嚴重的地步。此一今非昔比的現象，怎不令人感到相當惋惜！或許生活在臺灣的人是該好好想想，到底應把臺灣人的「勤奮」放在對於什麼事的追求上！

第四篇

直入禮儀探涵義

（仲春）是月也，玄鳥①至。至之日，以大牢②祠于高禖③。天子親往，后妃帥九嬪御。乃禮天子所御④，帶以弓韣，授以弓矢⑤，于高禖之前。

——〈月令〉

殷契母曰簡狄，有娀氏之女，爲帝嚳次妃。三人行浴，見玄鳥墮其卵，簡狄取呑之，因孕生契。

——《史記》〈殷本紀〉

註釋

①玄鳥：普通稱燕子，也有可能爲鳳凰一類的鳥類。

②大牢：大，音ㄊㄞˋ。牛、羊、豕三牲齊備者稱大牢。

③高禖：禖，音ㄇㄟˊ。主掌婚嫁生育之神。

④天子所御：指已經懷孕的宮眷。

⑤帶以弓韣，授以弓矢：因爲弓矢是男子所用，所以有祈禱得男之意。韣，音ㄉㄨˊ，指弓的套子。

祈子有禮

生物界最重要的問題，就是如何進行生物繁衍，使生物不但能戰勝各種外在環境之限制而繼續延續下去，更希望還能有不斷的基因突變以改良品種，使各種生物能具有超強的生命力，足以適應變化快速的環境變遷。因此，每一存在生物的首要任務，即在於進行生物繁衍，順利產生下一代，且綿延不絕，不使其所屬生物瀕臨絕種滅族的生存危機。這也就是中國傳統觀念中，「不孝有三，無後為大」的思想始終根深蒂固的原因。由於將「無後」列入不孝之尤大者，因此有關祈子的問題，也可說是國人亙古以來生活中的大問題。

即使處於科學昌明的現代社會，生命仍然屬於天地間無法確解的一大奧秘。儘管人工受孕、試管嬰兒的技術不斷更新，成功的案例也相當多，不過藉助現代醫學科技幫忙而懷孕生子的個案，除卻所費不貲之外，仍然有許多夫婦即使投資相當多的時間、精力，經歷許許多多的「特殊努力」，仍舊無法如願。因此，在今天的社會中，有關祈子的各種活動，仍在各地以各種不同的方式不斷地進行。處於科學掛帥的現代社會，尚且有許多人在極力進行祈子的活動，若將時代拉回上古時期，則當時的祈子活動更多更普遍，應該是相當容易理解的事。

〈月令〉所載，選擇仲春玄鳥始至之月所進行的祭祀高禖活動，正是上古時期的一種祈子禮俗活動。古代祈子禮之所以會選在仲春玄鳥始至之月進行，乃緣於殷商始祖神話中，簡狄吞食玄鳥卵，遂有孕而生契的古老說法。

仲春之月的陽氣早已不斷滋長，反應在大自然的現象，又正是春暖花開萬物欣欣以向榮的開始，因而也象徵著這是各種動植物繁衍後代的絕佳時機。倘若再估算一下人的懷孕週期，假設此時懷孕的話，那麼臨盆之時，應該大約在初冬之際。就天候狀況而言，雖然漸入冬季，不過天氣還不太冷，而農事收成的工作也已經大致完成，因此有足夠的人力幫忙，所以是相當合適的時間點。

由於祈子為大事，因此祈子之禮也相當慎重，不但以大牢之禮獻祭主掌婚嫁生育的高禖神，天子還親自前往，而且后妃也率領宮中女眷一同前往。典禮的重要活動內容，乃是在高禖神前，由太祝酌酒給已經懷孕的宮眷喝，代表已經接受神的恩賜而懷孕，並且給她帶上弓套，授給弓矢，希望能夠一舉生男。由於弓套、弓矢等用品，都是男子生活中的必備用品，所以授與弓矢的相關用品，清楚可見具有祈求生育男子的願望。換言之，祈子之禮，即希望藉由模擬巫術的接近原理以及交感巫術的接觸原理，使懷孕者能產下男嬰，順利完成傳宗接代，乃至於繼承君位的責任。

周后妃任成王於身①，立而不跂②，坐而不差，獨處而不倨③，雖怒而不詈④，胎教之謂也。

——《大戴禮記》〈保傅〉

註釋

①任成王於身：王季的后妃太姒懷有成王的身孕。
②跂：ㄑㄧˋ，踮起腳尖往前望。
③倨：ㄐㄩˋ，傲慢不恭敬。
④詈：ㄌㄧˋ，動怒而詈罵人。

胎教之道

這篇有關胎教的記錄雖然不出現在小戴的《禮記》之中，而收錄在戴德的《大戴禮記》之中，其實可與小戴《禮記》的〈文王世子〉、〈內則〉合併觀看。此一現象正好可說明大小戴《禮記》有互相補足之處，而且經由合併觀看，對於古代禮俗將可以獲得更完整的理解。

古代不但注重祈求子嗣的活動，而且對於胎教也極為重視。因為自從受孕懷胎開始，即是另一生命的開始；由於凡事必求「慎其始」，所以注重胎教的內容正顯現古人極其高遠深刻的生命智慧。

根據現代的醫學常識，產前母體的身體健康以及懷孕時期的心理情緒狀態，都對嬰兒日後的生理發展以及生活適應，有極為密切的相關性。懷孕之時，倘若孕婦的營養不良，或者服用孕婦不宜的食品、藥品以及其他用品，則與早產、死胎以及嬰兒的夭折機率，有極高的相關。因此，注意調理以及改善孕婦的營養問題，不但可以促進孕婦的身體健康，預防早產等現象發生，同時也可以提供胎兒足夠的營養以促進良好的發育，而有利於嬰兒出生後更容易適應環境。

孕婦除卻上述有關生理的各項問題外，有關心理方面的問題，更會影響胎兒的發育，且與胎兒日後的情緒適應問題息息相關。根據醫學報告，許多嬰兒在產後發生生活適應的困難，其中不乏孕婦在懷孕期間，持續受到嚴重的情緒壓力，卻又無法得到適當的紓解，於是長期憂鬱或者脾氣暴躁的結果，致使胎兒在娘胎之中即承受過重的負擔，而容易造成過度神經質的現象，影響其日後人格之健全發展。

如何給予孕婦妥善的營養調理以及身心關懷，不但要提供胎兒良好的營養攝取來源，也要使其可以獲得穩定平和的發育環境，以協助其日後的身心發育能健全平衡，就是進行胎教的重要內容。因此，對懷孕的母親實施胎教，就是對即將出生的胎兒進行教育，希望胎兒能具備健康的身體以及穩定的情緒，所以古人向來都非常注重胎教的工作。

古人所講求的胎教，主要要求孕婦的視聽言動都能謹慎行事。這可分從消極與積極兩方面而言：首先，站立要求平穩而不踮腳傾斜，坐姿要求端正而不可歪斜不整，即使獨處也不蹲踞而坐，眼睛不看邪惡之色，耳朵不聽淫亂之聲，口中不起怒惡之言。其次，則要求積極做到多誦讀歌詩以導正其心志，以使孕婦之形容端莊，心緒祥和平靜，以供給胎兒一個安安穩穩的發育環境。此外，有關孕婦的飲食營養，更有專人隨時注意調理，以供應胎兒良好的營養攝取管道。經由此細心照料，太姒終於生出人格特質穩定、腦筋聰慧異常的文王。文王在很小的時候，就展現他非凡的賢能之才，早就受到祖父的賞識，而打算把君位傳給王季（文王之父）這一系。

觀看古代實施胎教的情形，再反觀現代對於孕婦實施胎教的內容，其實也有異曲同工之效。接受現代醫學知識洗禮的知識份子，都能同意佈置良好的起居環境，張貼可愛嬰兒的照片，聆聽溫柔優美的音樂，是培養好心情的重要條件，也是促使精子與卵子快樂結合的重要觸媒。當精子與卵子孕育成胚胎，則是新生命的開始。此後漫長的懷孕期間，更要繼續提供胎兒良好的營養補給以及生長環境，以期能生出身體健康、情緒穩定的小嬰兒。

子生，男子設弧①於門左，女子設帨②於門右。三日，始負子，男射，女否。

——〈內則〉

註釋

①弧：木製的弓。

②帨：音ㄕㄨㄟˋ，指佩巾。

男女有別

古代對於男女有別的觀念，在一個人出生的時候就已經顯露出來了。生了男孩的家庭，就在門的左邊掛上一張木弓，象徵男子將來要致力於作戰勇武一類的事情；生了女孩的家庭，就在門的右邊掛上一條佩巾，象徵女子將來要發揮柔順婉約服事他人的特性。因此，孩子出生三天，母親就抱負著小嬰兒出房門，假如是男孩，還特別為他舉行射禮；假如是女孩，就省了這一道手續。

射箭的技術，是男子一生必備的技能，因此禮制上才特別有抱著男子舉行射箭的儀式。射禮中，總共射了六支箭，分別代表男子頂天立地，具有經略四方、抵禦各方阻難的重要任務。

由於經驗的累積，古人當然也知道男女的生理特性不同，彼此的專長能力有差異性存在，因此對於男女一生的成就期許也就有所不同，在這種觀念的影響之下，對於男孩、女孩的照顧與養育，當然也隨之有所差別了。

為了配合男女有所不同，個人平時所用的佩囊也各有差異，男生用皮韋做成的囊袋，表示有田獵講武的能力；女生則用絲繒品製成的囊包，表示有纚絲編織的工巧。十歲以後，採取男女異教的措施：男生開始出外去求學，居住在外，跟隨老師學習識字、書數、誦詩、樂舞、射箭、駕御等各種技能。女生則養在深閨，開始學習女孩子處理家庭生活事務的各種能力，教女孩子說話要溫柔委婉，容貌要端莊穩重，學習積麻紡紗、纚絲織布的技巧。這些都在儲備男女不同的知能。

人是一種群居動物，必須生活在社會群體之中。由於是一種群體，當然就需要由群體中的各個分子，分別擔負分工合作的責任。至於分工的方式，當然最好就是配合各個組成個體的專長，而貢獻自己的能力。講求男女有別，就是基於男女體格有粗壯纖巧的差異、喜好有勇武好動與婉約沈靜的偏差等不同條件，而採取男女分工合作的模式。因為分工合作，是組成與發展群體社會最經濟的條件。

男女有別與男女不平等是不一樣的；並不是男生怎樣、女生也一定要怎樣，才算是男女平等，因為這種「齊頭式的平等」，其實才是最無法顧及人類的生理特性與心理傾向本來就存在的差異性。所以，對於個人或人類社會的發展更有意義的，是好好發揮男女各自的專長，讓個人特殊的稟賦都能開出燦爛的花朵。

凡名子①：不以日月，不以隱疾②，大夫、士之子不敢與世子同名。

——〈內則〉

名子者，不以國，不以日月，不以隱疾，不以山川。

——〈曲禮上〉

註釋

①名子：名，動詞，命名的意思。名子，替孩子命名。

②隱疾：身上的暗疾。

命名的禁忌

一個人的「名」，是父母所給予，用來陪伴我們一輩子的符號，因此是一個人的重要表徵。由於「名」對於人的影響非常重要，所以我國古代對於人的命名典禮十分慎重。

小孩出生以後，並不馬上命名，必須在三個月之末，剪髮以後才進行命名典禮。剃去胎毛，代表向原始的生物世界(人剛剛生下來，和一般的動物差別不大)告別，正式進入屬於人的「符號世界」。不過，按照規矩，胎毛也不能全部剃光，要留下一點，男孩子留「角」，女孩子留「羈」；要不然，則男生留下左邊的一撮毛髮，女生留下右邊的一撮，代表子女與父母骨肉相連的密切關係。鄭重地經過這一道進入人類世界的「符號」宣示以後，才開始正式的命名典禮。

凡是參與命名典禮的人，都必須慎重地穿戴正式的禮服。就是由於這種隆重莊嚴的氣氛薰染，可以使在場的所有人士，強烈地感染到這一股鄭重其事的氣息，因而形成了對於一個人的人名抱持絕對尊重的共識。

由於對於人名的尊重，因而為孩子取名的時候，除了要有積極的期許以外，自然也會有一些命名的禁忌了。所以根據〈內則〉和〈曲禮〉的記載，我們可以發現日月、山川、國名以及個人的隱痛疾病，都不適合用來為孩子命名，大夫與士的孩子，也不可以取跟諸侯世子相同的名。原因是：日月山川都是自然界偉大的造化，個人的私名不適合跟它相提並論，以免養成個人妄自尊大的心理。國家的名稱，是人間政治團體的尊貴標誌，個人的私名也不適合跟它併立同尊，以免養成國家歸屬於自己的狂妄心態。不以個人的隱痛疾病為名，則在於避免不祥，免得不吉利的事跟著自己一輩子。至於大夫與士的孩子，不可以取跟諸侯世子相同的名，則在於避免階級名分的混淆。也就是說，總要取個順順當當、妥妥貼貼，可以朝朝暮暮呼喚，而沒有任何顧忌與不祥的名，才好終生適用。

從這些命名的禁忌，可以知道古人對於這種專屬於個人一輩子的符號標誌的賦予，實在相當慎重。對照現代人取名的時候，不但有消極的避凶禁忌，更有積極要求幸福的意識存在，於是花錢找算命先生取個好名的現象，也就非常可理解的了。不過，假如現代人在為孩子命名時，能多發揮古人不妄自尊大的美德，取名就更有意義了。

孝弟①忠順之行立，而后可以爲人；可以爲人，而后可以治人也。故聖王重禮。故曰：冠者②，禮之始③也，嘉④事之重者也。

——〈冠義〉

註釋

①孝弟：就是孝悌，指孝順父母、友愛兄弟姊妹。

②「冠」者：冠禮，古人爲男子成年時所舉行的成年禮。

③「禮」之始：指冠、昏、喪、祭、朝、聘、射、鄉等正式的儀禮。

④嘉：指「嘉禮」，古代將冠、昏、鄉飲酒、饗宴飲食等禮歸爲嘉禮。

重要的冠禮

我們常常聽人家說：「小孩子不懂事，就不要跟他一般見識好啦！」、「算了吧！還跟小孩子計較些什麼！」可見我們對於成年人和未成年人的要求，原本就有重大的分野。那麼，古人如何區分成人和童子的世界呢？舉行冠禮，是人生的重要分界點，從此才開始進入成人的世界，必須具有成人的威儀。

為人子的，能做到孝；為人弟的，能做到悌；為人臣的，能做到忠；為人少的，能做到順；能切實做到這四種行為，然後才有資格成為一個標準的成人。有資格成為一個標準的成人，然後才有資格服務社會，擔任治理別人的工作；所以古代的聖王都非常注重冠禮。因為冠禮的意義重大，所以古人說冠禮是一切禮儀的開始，是所有美好的禮儀中最重要的。

加冠的典禮，必須特別聘請一位德高望重的長者，前來為童子的成年進行祝福和加冠的儀式。儀式分由三個階段舉行：首先祝福童子正式成為成人，其次是嘉勉他今後要懂得經略四方，再其次則是勉勵他能力爭上游，以追求更高的成就。三次加戴禮冠以後，還接受長者的敬酒，代表自己願意盡力去完成成年人應盡的任務。這是人生中一次難得的體驗，跨過這一步，就是成人的開始。

冠禮之所以是一切禮儀的開始，是所有美好的禮儀中最重要的典禮，就在於一個人經過了加冠的典禮，才正式告別童子的世界，而成為成年人。成為成年人以後，他的服裝才能齊全，不但擁有一般時候穿著的深衣，也有田獵打仗時穿著的皮弁服，更有舉行隆重祭禮時穿著的爵弁服。有了各種場合該穿的服裝，表示可以參加正式的社交活動，連帶地，由於穿著體面的衣服，而使得自己更加留意自己的儀容是否端莊、舉止是否穩重、辭令是否溫順，也就是更懂得要求自己表現得溫文儒雅，所以是人生一切美好禮儀的開始。

現在大陸的一些少數民族以及台灣的各原住民族群中，都還保有各自傳統習俗的成年禮儀式。成年禮儀式中包含了許多體能的嚴格考驗，更交付了許多人生責任的承接，代表著生命薪傳的意義。近年來，有些縣市也開始試著為年輕人舉行成年禮，為每個人生命中的這個特別時刻，製造一次難得的體驗，讓年輕的一代經過這一次特殊的典禮，能深刻地感受生命的悸動，而引發他承先啟後的責任感，確實有重新提倡的意義。

昏禮：納采①、問名②、納吉③、納徵④、請期⑤、親迎⑥。

——〈昏義〉

註釋

①納采：納，請人接受的恭敬話。采，通「採」，採擇的意思。
②問名：詢問女方出生的生辰年月日，準備卜問吉凶。
③納吉：將卜問結果大吉大利的消息通知女方。
④納徵：「徵」，事情成功的意思。納徵，相當於現在的訂婚典禮。
⑤請期：將預定的婚期，與女方做最後的確定。
⑥親迎：就是結婚，由新郎親自前往女家迎娶。

結婚有六禮

古代人結婚要經過六道儀式，經過這六道程序的，才算是正式的婚姻，受到社會大眾的承認和尊重。缺乏這些儀式程序的，就不算是娶妻，而且也會受到大眾的輕視和不齒。

結婚的禮儀，首先由「納采」揭開序幕。就是由男方委託介紹人或媒人代表男方，攜帶禮物到女方家裡進行提親的工作，請求女方的家長接受男方採擇這家的小姐為結婚對象。一旦女方的家長同意，接著就可以繼續「問名」的第二道手續。由女方的家長提供女方當事人的生辰年月日，做為男方在祖先的宗廟中進行占卜吉凶、準備合婚的資料。如果占卜的結果得吉，男方就進行「納吉」的手續，將這個大吉大利的結果通知女方，以便準備進一步的婚禮程序。婚禮進行到這裡，已經可以深入商談婚禮的細節問題了，於是就接著舉行「納徵」的儀式，由男方準備豐厚的禮物送到女方的家裡，表示這樁婚姻說定的意思，由於婚禮算是進入成功的地步，接著就只等待選擇迎親的日期了。

選擇一個諸事皆宜的黃道吉日以便娶親，就是結婚的第五禮「請期」。「請期」的節目，是由男家預先選妥兩個日期，然後派請媒人專程到女家，商量決定哪天是大婚的日期。婚期決定以後，結婚當天，必須由新郎親自到女方的家裡迎娶，完成結婚的第六禮「親迎」的儀式。

經過這一道道鄭重其事的儀式安排，可以讓男女當事人體會結婚是多麼慎重的一件事，它必須經由許多人的磋商、協調，才能完成婚禮進行的各項細節討論，更需要多人的從中幫忙，婚禮才可以順利地進行。由於婚姻得來不易，自然也會懂得好好珍惜與維護這一份情緣，不會輕易地就宣告婚姻破裂，對於穩定男女關係、增進家庭倫理觀念，都有決定性的影響。

由於現代社會風氣強調自由與自主，因而男女之間的關係，和以前的狀況也有了大大的不同。自由與自主不是不好，而是由於人無可避免地會受到情緒的影響，如果不能理性地徵求和接納親朋好友的分析與建議，只是一味地要求「自由與自主」，就難怪男女之間的遺憾事要愈來愈多了。

男子親迎，男先於女，剛柔之義也。——〈郊特牲〉

父親醮①子，而命之迎②，男先於女③也。——〈昏義〉

註釋

①醮：音ㄐㄧㄠˋ，敬酒的方式之一，就是斟酒敬人而不須回敬的方式；具有交代任務，並且務必要完成任務的用意。

②命之迎：父親交代兒子（新郎）務必前往迎娶新娘。

③男先於女：男方採取主動，女方加以配合。

夫唱婦隨

我們只要仔細回想結婚禮儀的六道程序，就可以知道每一道儀式的舉行，都是由男方採取主動，而女方從旁加以配合的方式。尤其在第六禮的親迎活動中，更是非常清楚地，新郎是經由父親以「醮」的方式，交代兒子務必親自到新娘的家，迎接日後即將共同祭祀宗廟的妻子回家。這種男先於女的現象，其實是非常符合中國古代陰陽動靜的根本原理的。這種陰陽動靜的說法，是古人歷經長久的時期，觀察與體驗宇宙間的自然與人事的各種變化，然後再加以歸納其中的道理而得到的結論，所以它是實際經驗的累積，而不是故作新奇的特立怪說。

我們倘若環顧周遭，就可以發現現實社會中多有男性偏於陽剛，女性偏於陰柔的大致取向。由於男性具有陽剛之性，因此主於攻、主於外、主於動；由於女性具有陰柔之性，因此主於守、主於內、主於靜，這不但是人間存在的事實，也是宇宙大化中的常態，於是產生明顯的夫唱婦隨現象就不足為怪了。

要體現夫唱婦隨的特色，從婚禮以「雁」為特殊的禮物，更可以得到充分的說明：結婚六禮當中，除了「納徵」之禮，由於已經準備了豐厚的禮物，所以不必再贈送「雁」以外，進行其餘的五道程序，都要以「雁」為禮，尤其是親迎之時，「雁」的這份禮物，還是由新郎親自攜帶入內做為贈禮的。因為「雁」是一種候鳥，會隨著氣候的變化，而改變棲息的地方，不論在南或在北，都是跟隨著陽氣而動，沒有任何失誤。因此，「雁」又是一種隨陽鳥，所以婚禮送「雁」，具有妻子跟從丈夫的象徵意義。

夫唱婦隨，主要在於呈現夫妻融洽和睦、彼此相契的和合狀態，並不在於凸出男尊女卑、夫令婦聽的差別。因為夫妻為了要美滿地經營共同生活，由夫妻雙方彼此互相協調順應是必須的，如果能按照所處事類的不同，而將它們歸屬於陰陽動靜相異的兩類，而分由合適的人作主，那麼，不但能使事情處理得更為圓滿，也可以增進家庭和諧的氣氛。

刻意地凸出到底是「男女平等」，或者是「女男平等」，「到底誰該聽誰的」等問題，並沒有什麼特別的意義，因為在人類的世界中，並不是一部男人與女人的鬥爭史，更重要的，是人與人之間如何具有和諧良善與互助合作的精神，縱使有競爭，也要是良性的理性之戰，而不是老是意氣用事地爭「男生能這樣，女生為什麼不能這樣？」這類無實質意義的問題。

質明①，贊②見婦於舅姑，婦執笲③、棗、栗、段脩④以見。

——〈昏義〉

註釋

①質明：天剛剛亮。
②贊：引導、幫助行禮的人。
③笲：音ㄈㄢˊ，盛放物品的竹器。
④段脩：肉條和肉乾、肉脯。

新婦拜見公婆

由於古代的婚禮都在黃昏的時候舉行，因此稱為「昏禮」。由於是黃昏的時候迎親，所以當新郎把新娘迎娶回家後，早已天黑了，同時因為結婚當天還有宴請親朋僚友的活動，所以新婦拜見公婆的重要儀式，並沒有擠在同一天舉行，而是等到第二天一大清早才正式舉行。藉此機會，還可以乘機考驗新娘能否早起做事呢！

結婚的第二天一大清早，天才剛矇矇亮，新娘就起床，沐浴淨身以後就打扮整齊，等候待會兒要拜見舅姑（公婆）。天一亮，幫助行禮的「贊」就來帶領新娘去拜見公婆。新娘以小竹籃裝著棗子、栗子，以及成段、成條的乾肉，當作拜見公婆的見面禮，表示自己從今以後要天天早（棗）起，並且以戰戰兢兢的戰慄（栗）戒慎態度，斷斷（段）然自我要求、自我整飭（脩），實踐人子反哺報恩的道理，做到為人媳婦應盡的本分。

由於古代注重宗法觀念，因而男女結婚，並非只是男子娶妻而已，而是宗族娶婦，所以古代的婚禮，必須在新娘完成拜見公婆的程序，表達孝順公婆的心意，公婆也接納她以後，新娘才算是這家族的媳婦，才是這家族裡的一分子。所以在古代，一個稱職的妻子，是必須把孝順公婆擺在第一位的，接著是必須努力地和睦家族，然後才是談到和丈夫的相處和諧。

因此古代男子娶妻，更確切的意思是父母多了一個媳婦，多了一個侍奉自己的人，而不是像現代很多父母大大感嘆的：娶了媳婦就少了兒子！當然，由於家庭型態的改變，很多人更是在婚前就約定，一旦結了婚，就搬出去另外組成家庭。因為言明不和公婆同住，所以自然就不必天天侍奉公婆了，就算是放假的日子，也不見得回家孝敬父母；這就難怪為人父母的要大大感嘆了。現代的媳婦，很多是職業婦女，因而當然不可能像古代的媳婦一樣，天天留在家裡伺候公婆；但是既然結婚了，也應該好好與婆家的人維持良好的關係，尤其不能只要別人家的兒子，而不要這個曾經照顧養育丈夫的家庭。如果妻子能常常對撫養自己丈夫的公婆心存感激，自然就會很樂意地去孝敬公婆，也會比較容易建立起良好的婆媳關係了。儘管家庭的型態在改變，但是基本的人心還是不變的，不管現代人的想法再怎麼前衛，結婚，仍然無法只是男女兩個人的事而已，它永遠會關係到兩個家族的。

（男子）二十而冠①，始學禮；三十而有室②，始理男事。

（女子）十有五年而笄③，二十而嫁；有故④，二十三年而嫁。

——〈內則〉

註釋

①冠：男子年二十而行冠禮，成為成人。

②有室：男子娶妻稱「有室」。

③笄：女子年十五可以開始提親，若許嫁，則行笄禮代表成年；若尚未許嫁，則可二十行笄禮。

④故：指父母之喪的大變故。

適婚年齡知多少

原始時代，人類穴居野處，男女的結合本無一定的規律，男女的關係也缺乏婚姻的約束。然而飲食男女之欲乃是人類的本能，一旦缺乏一定的規矩與途徑，男女彼此侵瀆的事也就在所難免。因此，思索設立合適的婚姻制度，以維持人類社會穩固的發展，就有實際的必要。

婚姻是男女一生中的大事，更是維持人類社會穩固發展的重要制度。婚姻制度除卻可規定男女兩性的特定關係，並藉此建立有組織的人倫關係；更重要的一環，則在於婚姻制度肩負著傳宗接代的神聖使命，是保障人類能否繼續繁衍流傳的重要關鍵。

由於婚姻制度負有這種重要的生物功能性，因而古代婚姻的最重要目的，就是傳宗接代的要求；倘若女子婚後不孕，或者沒有男嗣，往往會有被休，或者丈夫另外納妾的危機。既然傳宗接代是古代婚姻的首要功能，因而選擇何時結婚最有利於生殖，應該成為訂定婚姻制度時的重要考慮因素。

有關男女適當的結婚年齡，最基本的條件應在彼此的生理的條件成熟，已經具備有生育能力，心理上也做好成家的準備後。一般而言，男子心智成熟較晚，而且女人的更年期又比男人來得早，因此正常狀況之下，男子應該年長於女子。

人類的生理發展具有特定的週期性，男子在二八十六歲的年齡，開始具備生育能力，至於女子則在二七十四歲經期開始時，即具有生產的能力。雖然說男十六、女十四的年齡即具有生育能力，但是這種才剛剛邁入成熟期的及齡男女，在心智上仍然處於青澀時期，還有待一段時間的磨練，因此並非理想的結婚年齡。

理想的結婚年齡，男子應該在年滿二十舉行冠禮後，正式參與各種成年人的社會活動，學習各種禮儀活動達到一定程度，且接受人生的各種歷練後，始進入娶妻的歷程。換句話說，男子最晚在三十歲以前，生理機能正處於最佳之狀態下，應擁有正式的家室。至於女子，因為生理發展相較於男子，屬於早熟早衰之情況，所以自從十五歲開始，即開始可以進入提親的階段，較常見的狀況是二十歲左右成婚。如果遭遇父母之喪的大變故發生，則在服喪期滿後出嫁。

古代的理想結婚年齡，若以現代的眼光來看，仍然有它相當重要的參考指標性。因為太早結婚，無論生理或心理都尚未成熟，既無適當的經濟基礎，也缺乏面對挫折的忍耐力，更無法承受來自生活各面向的各種壓力。倘若孩子又太早降臨，情況將更糟，非常容易造成虐待嬰兒的不適任父母，小孩子也無法得到良好的照顧。畢竟如顏清標家族父子都十六歲結婚生子，而孩子皆能得到上好照顧的，只能是特殊個案，無法視為社會常態。至於太晚結婚，則必須面臨最實際的問題，那就是錯過最佳的生育時期，當生理機能衰退後，對於母體以及胎兒都不是好現象，不但容易提高生產風險，也容易產生有問題的胎兒。

所以，多多參考古人的生命智慧，將可以為現代生活增加許多保障，並且提高生命的品質。

取妻不取同姓；故買妾不知其姓則卜之。

——〈曲禮上〉

取於異姓，所以附遠厚別①也。

——〈郊特牲〉

古受命帝王及繼體守文之君②，非獨內德茂③也，蓋亦有外戚之助焉。

——《史記》〈外戚世家〉

註釋

①附遠厚別：附遠，使遠姓者歸而附之；厚別，增強同姓不婚的規定。

②繼體守文之君：繼體守文之君均非創業之主。繼體之君，指嫡子繼承先帝之正體而立之君；守文之君，指遵守先帝法度而行之主。

③內德茂：內德指君德。內德茂，指君主行之於內的德行昌茂。

同姓不婚話從頭

性欲是一種本能，婚姻則是一種社會行為。婚姻制度雖然有一部分是為了解決與生俱來的生物欲求，不過，一旦它成為社會的規約制度，則已經超越單純的生物本能，而有更深刻的價值與目的。

「同姓不婚」的觀念發展較晚。它必須在婚姻制度實施過一段時間，累積許多血緣太近者結合而所生的後代甚少之案例，或者經歷太多這些後代容易出現生理或智力不佳的特殊狀況後，才會逐漸意識到「男女同姓，其生不蕃」的族群萎縮危機，而思索以「同姓不婚」的方法突破困境之道。因此，為突破族群萎縮的生命困境，開始提倡娶妻不娶同姓的辦法。至於買妾，因為不知道她的家族來歷，所以借重占卜吉凶的方式以決定是否接納她。

「同姓不婚」的觀念，除卻基於族群繁衍的考量之外，另外還有社會及政治條件的特殊考慮。我們若參考歷史的明鏡，將可以得到相當好的說明。三代以來，凡是歷朝歷代推動改朝換代的開國君主，甚至於只是繼承先帝法度而能行諸久遠的君主，都不只是依賴君主本身的治政本事與德行而已，還必須擁有外戚足夠的政治外援。

夏代之興，有賴於塗山氏之外援；殷商之興，有賴於有娀氏之外援；周代之興，有賴於姜原以及太姒之外援——因而武王伐紂成功後，周公積極訂定各項制度時，即有意努力推動「同姓不婚」的措施。

周公以其深刻的人性把握以及豐富的人生歷練，理解透過親密的婚姻關係，可以自然結合原來毫不相屬的兩個家族之關係。此外，經過家族之間的不斷交往，則能產生情感融合之凝聚力量，並將此親近的關係轉化成為政治勢力之資本，達到強化自我政治實力之基礎，且成為突發狀況時的重要外援力量，而不至於有孤立無援之窘境。

孝子親死，悲哀志懣①，故匍匐而哭②之，若將復生③然，安可得④奪而斂⑤之也？故曰三日而后斂者，以俟⑥其生也。

——〈問喪〉

註釋

①悲哀志懣：悲傷哀戚，心氣憂悶鬱結。
②匍匐而哭：由於非常悲傷，因此即使哭倒在地，仍然趴著不停地哭。
③復生：復活。
④「安」可得：表示疑問、反詰的語氣詞，有「哪裡」、「怎麼」的意思。
⑤斂：入殮。
⑥俟：等待。

大斂的時機

一旦面對至親骨肉的死亡，具有深厚感情的家人，一時之間實在很難接受這種事實，也不願意接受這是事實。總覺得死者仍然如同往常一樣，或許只是過度沈睡而已，因此大聲地哭著喊著，希望能把死者給哭喊回來，有的激動到趴在死者身上嚎啕大哭，而且即使哭倒在地了，還是不停地痛哭著。不但以放聲大哭來發洩內心悲悽哀痛的感情，同時還藉此機會來紓解積壓已久的鬱悶情緒，甚至於還會用力地推動死者的身體，想要使死者重新甦醒過來似的。在生者這樣激動而強烈地宣洩情緒之下，又怎麼可能從生者的手中，把屍體搶過來進行入殮的儀式？總要等個兩、三天，當生者激動的情緒稍微有所緩和，而期待死者復生的希望也不可能實現了以後，才可以開始進行斂藏屍體的工作。

由於對死者的「復生」，懷著一線渺茫的希望，於是一方面延遲斂藏屍體的時間，一方面進行積極的招魂儀式，由親人輪番爬上高處，高舞著死者的衣裳，還不停地呼喚死者回來。經過大家盡心盡力地為死者招魂，如果還是不能使死者復生，那也只好放棄等待，無奈地承認死亡的事實，準備進行斂藏的工作。

斂，其實就是一種收藏的意思。當親人已經確定無法復生以後，退而求其次，就只好將死者的遺體妥善收藏，以求能盡一分人子愛親的心意了。為了要達到妥與善的要求，所以「斂」的工作，又分為小斂和大斂兩個步驟。小斂包括沐浴、更衣和化妝，大斂則是入棺，目的就在於妥善地為死者整理儀容，以便好好地永久保存。從直接與屍體的接觸，一一地為親人做最後的打點安排，相對地，可以使生者對親人死亡所產生的強烈悲痛之情，得到緩衝與慰藉。

這種對屍體最直接的接觸，如果能由自己的親人來做，當然是最能體貼死者與生者之間的感情了。因為感情不但需要培養與醞釀，還更需要實地付出的。生者與死者之間感情的維繫，透過為死者所做臨入棺之前的一些細部工作，最能觸發生者與死者往日的感情，憑藉著這一分感情的連鎖，可以對死者保有長久的追思和懷念。當人們對於死去的人還能保有一分難忘的感情時，相對地，對於周遭的一切，就不會太過於鬥狠了！

親始死，雞斯①，徒跣②，扱上衽③，交手哭④。

——〈問喪〉

三日而斂，動尸舉柩，哭踊無數。

乃代哭，不以官。

——《儀禮》〈士喪禮〉

註釋

①雞斯：應爲「笄纚ㄒㄧˇ」，笄爲插頭髮的骨笄，纚爲包纏頭髮的繒。親人剛去世時，孝子即去除頭上的冠，只留下笄與纚。

②徒跣：跣，音ㄒㄧㄢˇ，赤著腳。

③扱上衽：扱，音ㄔㄚ，插入。上衽，深衣的前襟。

④交手哭：兩手交叉拊心而哭。

代哭有禮體人情

由於精神醫學的發達，西方臨床醫學累積處理精神崩潰的病例，發現許多病例是在至親死亡的一、二年後陸續發病。然而反觀中國人在親人死後，哭哭啼啼、又叫又鬧好一陣子，然後又經過一段很長時間的服喪生活，不過卻極少在親人死亡一、二年以後，發生精神崩潰的症狀。

西方臨床醫學探究其中的原因，發現其中最大的差別，就是中西文化面對死亡的態度以及舉行喪禮的流程存在極大的不同。因此近二十年來西方不但積極提倡死亡教育、生命教育，更注重生死學之相關研究與生活中的哀傷關懷。

死亡教育的主要內容，在於讓人清楚理解生、老、病、死是生命正常的歷程，必須勇敢面對。不過每個人即使從理智上可以理解死亡的必然性，但是當死亡果真降臨時，仍然會對活著的親人造成極大的衝擊。面對至親死亡所帶來的心靈震撼，喪親者的哀傷情緒，必須從不斷地發洩哀情的過程中，得到和緩的紓解，然後才能漸次解悟死亡是生命的必然結局。換句話說，每個人都必須從切身的哀傷體驗，才能真正面對此一生命真象，也才能在經歷一段時間的療傷止痛後，懂得把對親人的哀思懷念，以更妥善的方式安頓這份情感，而可以再度走入人群，回復正常的生活。

喪親者情緒最激動而不可或已的階段，應該在親人剛過世，直到入殮與親人產生具體「隔離」的時候。為了因應人情的這種激烈反應，所以當親人剛剛嚥下最後一口氣，孝子早已無法壓抑悲傷的情緒，更不再顧慮平常應有的形象，而去除頭上戴著的冠，只留下髮簪以及包裹髮髻的帛，還脫掉鞋子而光著腳，且把深衣的前襟插入腰帶，兩手相交而放聲大哭，盡情地發洩蓄積已久的情感。尤其當屍體要放入棺柩中之時，情緒激動者更是又叫又跳地號哭不已。

這種以哭來發洩心中的痛苦與哀傷之方式，是每個人遭遇各種悲傷痛苦、無助無奈時，所採取的下意識而自然的直接反應。此外，由於情之不得已，遂外發而為一些肢體動作，透過又哭又叫又跳以及搥胸頓足的原始行為，藉此以平衡孝子心靈上所遭受的強烈衝擊。這種由內在所迸發的強烈的情緒，倘若沒有適當的宣洩管道，而只是一再地加以壓抑，鼓勵當事人故作堅強，一旦外在的「武裝」無法承受，就會產生情緒潰堤的極可怕後果。

由於發洩悲傷的過程極困難而緩慢，這種不斷地號哭與悲鳴的切身體驗，卻足以讓血肉之軀感到身心疲憊而體力難支的。因此一方面為了讓喪親者能夠盡情地發洩哀情，另一方面則為了保護喪親者不至於因哭泣過久而傷害身體，所以古代有體恤人情的「代哭」制度。

所謂「代哭」，並不是像現代的「孝女白琴」或「五子哭墓」之類的，花錢找些「職業哭者」來家中哭喪，或者在出殯的行列中哭給別人聽、做給別人看，以「充場面」的。

所謂「代哭」的「代」，是輪代、輪流排班的意思，也就是輪流排班哭喪，以使哭聲不斷，好讓死者在黃泉路上，還能感受到親人陪伴似的，具有展現親人對於死者表達溫馨之情的功用。因此這種參加輪流排班哭喪的人，都是和死者有親疏遠近關係的親朋好友或者同僚部屬，並非毫無關係的「職業哭者」。此外，這些輪代而哭的人，對死者都有發自內心的弔亡之情，並非從事賺取鈔票的商業行為。

目前臺灣喪禮中的確存在許多令人詬病之處，其中，「孝女白琴」以及「五子哭墓」都屬於此一部分之項目。不過，倘若從禮也有「以故興物」的功能來說，這些特殊行業也有他們存在的意義與功能，並非一無是處。但是話說回來，這些「職業孝子」或「職業孝女」卻必須嚴格遵守更重要的「職業道德」，涵養更豐富的「喪禮知識或常識」！

所謂「職業道德」，最基本的就是不能使用麥克風製造過多的「噪音」以干擾無關的人，因為這樣做不但容易造成鄰居反感，而且還因為反感，導致無法對死者流露傷感之情，則有害於溫馨社會生活之培養。至於涵養更豐富的「喪禮知識或常識」，就是這些葬儀社的從業人員，必須理解這種「人為」製造的哭聲，是為了以悲悽的聲音「帶動全場的氣氛」，促使真的孝子、孝女等發出哀情，而絕對不是向無關的外人「展現排場」的「擺闊」行為。

古代的社會步調慢，人民離鄉背井的現象遠遠低於現代社會，因為工作或就學的關係而少有時間與家人相處的情形，也相對少於現代。至於現代人，則由於生活環境與古代時空環境有極大的轉變，因此不少人雖然活在現代，卻與周遭的環境、社會以及親人都有不同程度的疏離感，所以當家人死亡之時，的確有些人很難產生「切膚之痛」的強烈哀情。對於這種長期遠離家人而生活，或者心靈經常與外界有疏離感的人，藉由「孝女白琴」的悽厲哭聲、匍匐爬行、跪地叩頭、頓足辟踊等「賣力演出」的行為，或者還能「觸動」這些長期具有疏離感的人，而迸出潛藏在內心深處的一絲「真情意」，如此一來，不但可以稍稍銷融自己與親人的疏離感，重新體會親情的可貴，進而也可以促成溫情滿人間的社會及早來臨！

如果「孝女白琴」以及「五子哭墓」等從業者，能理解他們這種特殊行業的意義與功能，那麼在現代疏離感相對轉強的社會中，對於某些情感遲鈍的人而言，仍有他們存在的意義與價值！不過，他們卻必須以絕對遵守相關的「職業道德」為基本前提！

反哭①之弔也，哀之至也。反而亡焉，失之矣，於是為甚。

——〈檀弓下〉

其反哭也，皇皇然②，若有求而弗得也。……求而無所得之也，入門而弗見也，上堂又弗見也，入室又弗見也。亡矣喪矣！不可復見矣！

——〈問喪〉

葬日虞③，弗忍一日離也。是月也，以虞易奠。卒哭④曰成事。

——〈檀弓下〉

註釋

①反哭：靈柩下葬後，孝子等從墓地而返回家中，更會大哭一場。
②皇皇然：徬徨無主而不知所措的樣子。
③虞：從墓地返回家中所舉行的安魂典禮。
④卒哭：虞祭完畢後的第二天所舉行的祭禮。

哭的名堂又一樁

哀情必須慢慢紓解，才可以使喪親者的心靈逐漸達到療傷止痛的結果，因此同樣是哭，但是卻各有不同的變化與意義。反哭與卒哭，就是各具特色也各富意義的兩種。

靈柩送進墓穴後，是死者從有形轉為無形的最大改變；親人的形體不但不可復見，就是連棺柩也無法再撫棺憑弔！葬後返家，踏入門內，走進廳堂，進入居室之中，擺設即使依舊，然而裡裡外外終究無法看到已逝親人的任何形跡，於是喪親者心頭的失落感，要以此時此刻最為明顯。這時候感到徬徨無主、不知所措，都是正常的，而最自然的反應，就是大哭一場以發洩心中的哀情。

為了關懷與照顧從墓地回來的喪親者，因此古人又體貼地安排了「反哭之弔」，使稍微年長的親友跟隨孝子們返家，共同參與這一場令人無限傷感的弔亡儀式，以協助孝子們度過最難過的一段時間。

為了要安慰喪親者的心靈，所以必須先行安頓死者的神魂。只要死者的靈魂能被妥當安頓在家中，喪親者的心靈就能得到莫大的安慰，而感受祖靈與自己同在的踏實感。虞祭就是葬後回家當天所舉行的安魂大典。

靈魂的安頓是安慰喪親者心靈的一樁大事，因此一點也馬虎不得，所以需要透過接連數天的活動，在喪親者的心中慢慢形成確認再確認的增強作用，以達到意識的轉換，進而建立新的連結作用，於是可以感受到祖靈確實已經返回家中，附在神祖牌上，以另一種形式與子孫同在。

接連數天的虞祭活動達到死者安靈、生者安心的效果後，第二天即舉行「卒哭」之祭，告訴生者喪事的處理已經明顯告一段落，心裡應該有「死者已矣」的正確認知。接下來漫長的喪居生活，就是要使心情從強烈的哀傷反應，慢慢轉入和緩的思念哀悼之情。

虞祭的活動，與現代民俗在既葬返家之後，普遍邀請道士「做功德」的活動相類似。這些「做功德」活動的尾聲，往往安排有「丑婆」等表演一些逗趣逗樂的場面，表面上看來，和喪禮的悲傷氣氛不但極不融洽，而且還令人有不倫不類的感覺。然而如果我們理解這些突兀的安排，其實在於使生者清楚知道喪禮的首要大事已經完畢，應該要注意調整自己的心靈，就不會太過於排斥這些「特殊安排」了。

當然，最重要的，仍然在於這些處理喪事的從業人員，應該多具備有關喪禮活動的相關知識，並且能對喪家進行必要的解說，協助喪家慢慢走出喪親的陰影中。

之死而致死之①，不仁而不可爲也；之死而致生之，不知而不可爲②也。其曰明器③，神明之④也。

——〈檀弓上〉

註釋

①之死而致死之：生者雖然以器物送葬於死者，但是卻又認爲死者已經不再有所知覺。

②不知而不可為：知，通「智」。整句話是說：太不理智，不該這樣做。

③明器：特殊的殉葬用品，雖有物形，卻缺乏眞正的使用功能。

④神明之：把死者當做神明一般地看待。

體貼的陪葬物

一個人死後到底有知還是無知，由於活人缺乏實際體驗，因此總不免是隔著一層說而無法驗證的。所以，如果認為人死就是一了百了，什麼都不存在了，這是缺乏仁厚的愛心，不可以這樣做的。如果認為人雖死，但是他和活人也沒什麼大的不同，那又太缺乏理智了，因而也是不可以這樣做的。所以，要送死者器物，就得要在情感與理智之間，選擇一個適當的平衡點了。最好的方式，就是贈送「明器」，送一些雖然看似有模有樣，然而卻又無法實際使用、沒有實際功能的器物，意思是把死者當作神明來看待，認為神明能以他神而明之的能力，來感受生者贈送器物的一番真情意。

所謂「明器」，例如一些陪葬的竹器，雖然具有竹器的外觀，但是由於沒有滕緣，因而不好使用。泥盆雖然擁有一般陶盆的外型，但是由於沒有經過確實鍛燒的手續，因而不能實際拿來盛裝湯水。木器也是徒有外表，並未好好雕琢，因而不好使用。琴瑟雖然已經張了絃，但由於沒有調平，因而也無法彈奏。竽笙雖然也都準備了，但是並沒有調音，因而不容易使用。另外，雖然也已經準備了鐘磬，但是卻沒有木架，因而不能用來敲擊。也就是說，製造一些類似這種具有外表形式，然而卻又無法實際使用的器物。這都是表示生者對於死者仍存有一番真情意，因而願意為死者周全地準備各種的器物，可是因為生死畢竟有別，以致器物又不能不有所區別。

人是具有情感的動物，無法純任理智的分析，也無法接受死後全然無知的臆測，因而製作明器以供死者冥中使用，的確可用以排遣、寄託生者思念死者的情感，同時無疑地也具有適當發抒情感的作用。就像是《紅樓夢》中的黛玉葬花，雖然不少人笑她癡、說她傻，但是她能率真地藉此以排遣自我濃濃的癡情，又有多少人能擁有她的這分「真」？所以只要有真情，生者已經可以「感受」死者仍然有情了，又何必在乎自己為死者準備的器物，死者到底真的知不知情！因為這些陪葬物的準備，原都來自生者對死者一份體貼的心情與懷念！它是詩與藝術的呈現，是必須用「心」去「感受」的，而無法作物理、化學的分析！

祭之日，入室，僾然①必有見乎其位；周還出户②，肅然③必有聞④乎其容聲；出户而聽，愾然⑤必有聞乎其嘆息之聲。

——〈祭義〉

註釋

①僾然：僾，音ㄞˋ，彷彿的意思。
②周還出戶：還，音ㄒㄩㄢˊ。逡巡再三以後，才退到門外。
③肅然：精神集中的樣子。
④聞：聽到。
⑤愾然：愾，音ㄎㄞˋ，惆悵惋惜的樣子。

祭如在

由於四時的轉移，使得外界的景觀發生重大的變化，看著秋風狂掃落葉的蕭條零落景象，很容易會浮現對於去世親人的懷念；看著枯枝紛紛露出了綠意、換上了新裝，更是不由得企盼能再度見到親人。就是這一份思念親人、想見親人的強烈慾望，於是配合四時變化的時節，就有了祭禮的活動。

為了使祭禮的進行能滿足孝子思親的情懷，達到彷彿能見到親人的目的，於是祭祀前的準備工作，就必須要求周全妥當了，因而祭祀前就要有齋戒的工作。齋戒的目的，主要在於先行處理好其他的工作，以排除祭祀當天外在事務可能的打擾，接著就是排除內心的雜念，專心致意地思念親人。能使親人的言談、笑貌、嗜好、悅樂等情形，一一地浮現在腦海之中，那麼，別的雜念就自然無法摻雜進來，而思念親人的渴望也才能獲得滿足。

經過全心全意地思念，親人的影像早已呼之欲出，再加上祭祀廳堂的一切佈置，現場就顯得更為真切了。祭祀當天，一進入祭祀的地方，猛一抬頭，看到端坐在席位上的尸主身上穿著親人以前的服裝，那副音容宛在的樣子，更彷彿是親人親臨祭祀會場似的。當祭祀節目進行到神要享用祭品時，孝子逡巡再三，捨不得退出祭室，不得已還是得退出門外等待時，心神還是停留在注意門內的各項活動上，從門外聽到的聲音，想像裡面的祭尸一一地嘗遍自己準備的祭品。當祭祀的節目進行至此，也是祭禮即將要結束的時刻了。這時，孝子想著祭禮馬上就要結束，心中當然懷有無限的惆悵和惋惜，這時如果也能聽到裡面的祭尸發出有所同感的歎息聲，孝子就相當安慰了。

祭禮的舉行，最主要的目的在於滿足孝子思親的情懷。為了加強祭祀時的真實感，因此選定一個旁支晚輩，在祭祀當天穿戴著已逝親人生前的衣冠，端坐在接受祭祀的席位上，成為受祭的尸，使得孝子能感覺更為親切，彷彿就是親人再度親臨接受孝敬一般。舉行祭禮，最可貴的，就在於能發揮這一份虔誠的敬意，想著祭祀的對象彷彿就在面前，就曉得死人可以活在活人心中的道理，那麼平時做事的時候，就會多留意應該留下一些好的事蹟，以供後代子孫們懷念、憑弔了。

子貢觀於蜡①。孔子曰：「賜也樂乎？」對曰：「一國之人皆若狂，賜未知其樂也！」子曰：「百日之蜡，一日之澤②，非爾所知也。張而不弛，文、武弗能也；弛而不張，文、武弗為也。一張一弛③，文、武之道也。」

——〈雜記下〉

註釋

①蜡：ㄓㄚˋ，歲末年終時的祭典，對於農業有功的事事物物，都可以成為被祭祀的對象。蜡祭的場面非常熱鬧，對於終年的辛勞有調劑身心的作用。

②百日之蜡，一日之澤：蜡，當作「腊」，枯乾的意思，與「潤澤」相對。是說辛苦工作、精神緊繃了一整年，好不容易才有這一天的輕鬆暢快，當然就特別歡欣鼓舞了。

③一張一弛：生活必須有時緊張有時輕鬆，以免彈性疲乏或怠惰成性。

調劑身心的蜡祭

每年十二月的時候，由於農事已經結束，因此人民的生活就輕鬆了下來。如果該年的收成豐富，從天子以至於鄉里的地方官，就常常會利用這個閒暇的空檔時機，分別召集所屬的人民，舉行盛大的蜡祭，對所有有功於農業的眾神及萬物進行祭祀，感謝它們一年來的保佑和照顧。在正式祭祀之前，還有化裝遊行與迎神賽會的節目；祭祀完畢，並且還有飲酒同歡之禮，因此場面非常熱鬧。由於祭禮選擇在農暇的時候舉行，因此人民不但沒有工作上的壓力，而且還因為豐收的緣故，精神自然感覺特別愉快，所以飲酒同歡之時，更是輕鬆自在，對於一年的緊張和辛勞，就有紓解情緒和調劑身心的作用了。

因此，有一次，孔子和子貢參觀了歲末年終大祭鬼神的蜡祭以後，孔子就詢問子貢是不是因為參觀了蜡祭而感覺很快樂。沒想到子貢的反應，並不如孔子所想的快樂。子貢只是覺得蜡祭是很熱鬧沒錯，可是全國的人都好像發瘋似的，實在看不出有什麼好開心的。

於是孔子就表達了自己對於舉行蜡祭的看法：老百姓一整年之間辛苦了好幾百天，由於君主的恩澤，好不容易才得到一天的暢快，就難怪他們那麼興奮了。這一張一弛的道理，恐怕就不是子貢所能理解的了。如果人民的生活一直像繃緊的弓弦而不得放鬆一下，那麼就算是文王、武王也無法辦到的；不過，如果一直鬆弛著而不知緊湊做事，那又是文王、武王所不願意看到的。所以能懂得有一段時間必須緊湊做事，也要有一段時間應該輕鬆調劑一下，這才是文王、武王的為政之道啊！

一張一弛的道理，不但是施政的原理，也是每個人生活的準則。機器尚且需要有停止運作，以從事休息或保養的時機；人的生活步調，更必須有一定的安排與調劑，才能保持最佳的狀態，而不會因為感覺負荷過重而崩潰。維持緊湊做事的狀態，由於有既定的標準和規範，只要按部就班去做，可能還比較沒有問題；然而要放鬆自己的時候，可就不能不切實把握「輕鬆而不放蕩」、「逸樂而不淫亂」的原則了。

凡摯①，天子鬯②，諸侯圭，卿羔，大夫雁，士雉，庶人之摯匹③；童子委摯而退④。野外軍中無摯，以纓⑤、拾⑥、矢，可也。婦人之摯，椇⑦、榛、脯、脩⑧、棗、栗。

——〈曲禮下〉

註釋

①摯：又作「贄」。古人相見時贈送的禮品，各隨身分的不同而有別。
②鬯：祭祀所用黑黍釀造而成的芳香鬯酒。
③匹：即「鶩」，家鴨。
④童子委摯而退：童子不規定禮物的內容，放下禮物便走，不行授受之禮。
⑤纓：馬項上的飾物。
⑥拾：射箭時束綁衣袖的臂套。
⑦椇：枳椇，其所結的果實味道甘美。
⑧脩：乾肉，用長條肉鍛治而成。

請別忘了見面禮

人是群居的動物，必須與別人共處於社會之中，經由互相合作而完成各種事務，所以彼此往來拜訪的機會是少不了的。如果正式拜訪主人時，客人能禮貌性地獻上見面禮，不但可以使主人有備受尊重的感覺，也可以以輕鬆的方式拉近彼此的距離，消除原本陌生的感覺，而方便接下來的拜會活動。

古代由於存在社會階級制度，因而配合各種身分地位不同的人，都各有其所屬的見面禮以表示尊重對方之意：

由於古人具有普天之下都是天子所有的觀念，所以天子原本是沒有為客之禮的，於是借重進行祭禮之前天子以鬯酒祈禱神靈降臨之儀式，有些類似與人交接的用摯之義，因此天子以鬯為見面禮。至於諸侯以圭玉為禮，則因為玉為山川之精英，代表諸侯對於主人的恭敬之意。卿用羔羊為禮，則借重羊代表吉祥之意。大夫用雁為禮，則借重雁有知時守序之意。士用雉為禮，則借重雉有矢志不渝之意。庶人則用家鴨為禮，代表平實的心意。童子因為未成年，所以並沒有特別規定的禮品，而且放下禮物就退在一旁，並不行使主客交接授受之禮。

倘若是在野外的軍中，準備特定的禮物有所不便，那麼也可以用馬纓、射箭時束綁衣袖的臂套、箭矢等男子行軍在外的標誌物替代。至於婦人的見面禮，則用枳椇、榛果、肉脯、肉乾、棗子、栗子等日常食用物品。

群居生活的特色，就是要建立一套約定俗成的方式，以方便彼此順利表達個人的情感或意見，而見面禮的內容就呈現了當時日常生活文化的意義。現代社會由於時空環境的不同，彼此往來交接的見面禮內容雖然和以往有所不同，但是仍然必須注意禮物的內容，應該與彼此的身分以及關係相合稱。尤其重要的原則，則是時時保持彼此交接以禮的態度，刻刻留心待人必須以誠的心意，那麼在生活中不但可以減少許多摩擦的可能，而且還可增加許多潤滑的作用。

人生十年曰幼，學①。二十曰弱，冠②。三十曰壯，有室。四十曰強，而仕③。五十曰艾④，服官政⑤。六十曰耆，指使⑥。七十曰老，而傳⑦。八十、九十曰耄⑧。百年曰期⑨，頤⑩。

——〈曲禮上〉

註釋

①學：古代男童，十歲後即出外求學。
②冠：舉行加冠的成年禮。
③仕：出仕做小官，治理官府小事。
④艾：指髮色蒼白。
⑤服官政：執掌官府大事。
⑥指使：經驗十足者能憑其經驗而指揮別人做事。
⑦傳：將職責傳給後輩的人擔任。

⑧耄：ㄇㄠˋ，八十歲以上的老者，各項機能都已衰退。
⑨期：ㄐㄧ，百歲爲屆滿一完整的生命時期。
⑩頤：頤，供養，說明可以得到社會的供養而安享天年。

把握生命的週期

人的一生，充其量，只是天地之逆旅以及百代之過客，儘管有些景點可以自行選擇遊覽與否，也可以選擇停留的久暫；然而這趟生命之旅，卻不能不配合自然生理的發展週期，而作適度的規劃，以完成階段性的重要任務，以免瀕臨大去之期，而有平白走一遭的遺憾。

人的一生：十歲時稱為「幼」，這時最重要的任務就是廣博學習；二十歲時稱為「弱」，這時體格發展雖然已經達到成人的階段，然而心智的發展以及處世的能力都還相當弱，因此特別舉行加冠或及笄之禮，提醒青年男女成年應該擔負的責任。三十歲時稱為「壯」，這時最重要的任務就是完成女有家、男有室的大事，負起傳宗接代的重責大任。四十歲時稱為「強」，這時歷經二十年的各項歷練，能力已經趨於純熟強健，因此可以出仕為小官，再接再厲鍛鍊自己的能力。五十歲時稱為「艾」，這時髮色已經逐漸斑白，處世之能力也更為熟練，因此可以獨當一面地治理大眾之事。六十歲時稱為「耆」，這時體力雖然已經明顯衰退，不過憑著老經驗的優勢，正可以發揮指導後輩的長才。七十歲時稱為「老」，這時真正邁入老年期，無論是各種生理機能或者心智能力，都已明顯進入退化的現象，因而必須將各項職務傳遞給後輩接棒。八、九十歲時稱為「耄」（若分開說，則八十可稱為「耋」），這時因老眼昏花，心志無法專一，倘若不幸判斷錯誤而有誤陷法網之事發生，則應該多給予寬宥。百歲之時則稱為「期」，這時應該在家頤養天年，政府也應該好好負起幫忙照顧的責任。

由於生命只有一次性，更無法逆轉，因此適時掌握人生各個週期的特色，才能發揮人生的光彩，把每個階段所經歷的美好風光，一一盡收眼底。

第五篇

規範理想一線牽

鸚鵡能言，不離飛鳥①；猩猩能言，不離禽獸。今人而無禮②，雖能言，不亦禽獸之心乎③？是故聖人作④，爲禮以教人。使人以有禮，知自別於禽獸。

——〈曲禮上〉

註釋

①不離飛鳥：仍然無法脫離屬於飛禽的類別。
②無禮：缺乏禮的規範，不懂得行禮的用意。
③不亦禽獸之心乎：不也只是出於禽獸一般的想法與作爲嗎？
④作：興起。

人與禽獸之別

鸚鵡擁有一襲光鮮亮麗的外衣，也能隨著人們牙牙學語，聲音更是嘹嚎而悅耳，不過，鸚鵡雖然能說話，但它終究無法脫離飛鳥的類別。猩猩在動物界中，雖然和人類的基因最為相近，很多生活習性和人類的生活方式更有相似之處，同時牠也能學說話，不過，牠終究還是無法脫離走獸的類別。因此，一個人假如沒有道德仁義的行為，雖然能滔滔不絕地說話，不也只像是禽獸在以聲波傳達訊息嗎?所以，當古代的聖王明君興起的時候，特別明瞭禮的精神義理和行為模式對於人的意義重大，於是按照道德仁義的法則，訂定了一套有關禮儀的制度，使得人人的言行舉止有規矩可循，知道自己和禽獸之間的差別。

相傳大陸地區有一種老鼠，牠的體型比一般的老鼠來得大，這種老鼠有一種特色，就是當牠看到人的時候會交叉前腳而作拱，人模人樣的，十分可愛，就像人們打拱作揖一般有禮，因此當地的人稱這種鼠為「禮鼠」或「拱鼠」。以老鼠的體貌，尚且因為懂得表示禮貌而贏得人們的好感，假如人還不懂得遵行禮義，恐怕是比一隻老鼠還不如了！

禮，就是理，它是取法天地之間四時的運行都具有一定的理序，地上的萬物又隨著地形地物的影響而有高低等次的不同，因此禮儀的設立，就是消極地規定人們生活應有的限制，也積極地要求建立人們生活的常軌，更期望透過這雙重的功能，使人們在生活上，不但有足夠的規範可供依循，並且在人生理想的追尋上，更可以提出開展的方向。由於要制定常軌與規範，當然有時難免使人感覺「禮」是一種束縛，但是如果每個人都能理解這種一定程度的限制和約束，正是群體生活中不可或缺的秩序，可以方便群體中每一分子在穩定的情境下生長與發展，那麼，遵守這些規範就是順利發展自己前的必備要件了。

人類科學的發展，從人造衛星、太空梭的發射，對於星球運行的體系和軌道已有了更清楚的理解，同時更證實一旦星球的運行偏離正常的軌道，一定會產生毀滅性的結果。同樣的道理，人世間的相互關係如果脫離了既定的常理，當然就難免要造成普遍性的混亂了。「禮」就是人世間的常軌，能不能行「禮」，就是人與禽獸之根本差別。此外，如果專從生理條件而言，的確人有許多能力是比不上飛禽走獸的。倘若人不知道發揮理性，不懂得遵循禮義，只是純粹放任動物的本能而行，就難怪要被說是「禽獸不如」了。

若夫①，坐如尸②，立如齊③。

——〈曲禮上〉

註釋

①若夫：若以虛詞講，「若夫」可以當作發語詞。倘若指實了說，則「若夫」也可當作「若要作個丈夫的話」來講。

②尸：古代祭祀時端坐受人祭拜的代表。

③齊：通「齋」，音ㄓㄞ，指祭祀時，祭祀者嚴肅而恭敬地站立著。

坐立好相貌

俗話說：「坐有坐相，站有站相。」到底什麼模樣才稱得上是「坐有坐相，站有站相」呢？這則「坐如尸，立如齊」的「六字箴言」，還真得是大丈夫的上好寫真照呢！

話說古代的「尸」，還真的是相當特別的「人」。這個特別的「人」，正是古代行使祭祖禮之時的祖先「替身」。這個「替身」是經過占卜，受到祖先認可的孫輩族人。換句話說，祖先同意在祭禮時，將自己的神魂降臨在這個「替身」身上，也就是以「活人」的「尸」扮演已經去世了的祖先角色，在祭祀當天，穿戴著祖先生前所穿的服飾佩戴，接受子孫的具體獻祭。

由於古代祭祖禮講求具體獻祭的方式，使祭祀者能真正達到再孝敬親人一回的感受；因此相對來說，也要有具體接受獻祭饗食的對象，以配合祭禮活動的如實舉行。如此一來，「尸」的人選就必須特別慎重，因為「尸」是祭禮中的靈魂角色，必須在祭禮中表現出莊嚴矜持的好相貌，接受子孫的獻祭，態度不能有絲毫的馬虎。因此所謂「坐如尸」的意思，就是指一個人的坐相必須矜持穩重，看在別人的眼裡，自然會有一股凜然不可侵犯的威嚴存在。

再來，繼續思考「立如齊」究竟是什麼意思？「立如齊」乃是相對於與接受祭祀的「尸」這個角色所應表現的態度。「立如齊」的「齊」，即是「齋戒」的「齋」的意思。「立如齊」乃是指一個人站著的姿態，要像祭祀者站著的樣子，因為經過一番齋戒沐浴等各項準備，而顯得畢恭畢敬的虔誠狀。

由於祭禮最講求心意虔誠、態度恭敬、舉止端莊，因此古人要標榜一個人坐立的好相貌時，自然要借重祭禮中最重要的兩個角色來說明。一個人如果能同時擁有尸坐的莊嚴矜持，以及立侍者的虔誠恭敬，則大丈夫的威嚴氣度早已令人「仰之彌高」了。

現代人常常以為講求自由而不受拘束的意思，就是坐沒坐相，或者坐著窮搖，或是蹺著二郎腿的情形，站也沒站相，時常看到歪斜著一邊，或者活像個軟骨頭似的，而美其名為「隨性而已」。然而這些長期不良的坐姿以及站姿，都會影響骨骼以及神經筋絡的正常發展，一些現代常聽說的脊椎側彎、長骨刺以及坐骨神經有問題等現象，其實都與坐立的姿勢是否正確有密切的關係。所以認真想想，老祖宗「乖乖坐著站著」的老調，還都不是和現代人過不去的「找碴」事呢！

有時候，當一個人知識愈豐富，人生歷練愈足夠後，我們還真會發現許多追求自由與無拘無束的結果，往往會為自己日後惹來許許多多不良的後遺症呢！

將上堂，聲必揚。戶外有二屨①，言聞則入，言不聞則不入。將入戶，視必下②。

——〈曲禮上〉

註釋

①屨：鞋子。

②視必下：目光朝下。

上堂必揚聲

生活常常有許多周而復始的內容，這些內容雖然看似沒有太多高深玄妙的道理，然而若有所不留意，卻也容易因為一些小細節的摩擦而惹得彼此大不愉快，甚至於還有更嚴重的後果。因為生活本來就是許多瑣事累積而成，所以還是小心為妙。俗話說：「小心不蝕本。」就是這種道理。

拜訪別人家時，進門之前必須牢記下列要點：

將要上堂時，必須先提高聲音請示是否可以進入。看見裡面已有兩雙鞋子，表示裡面已經有客人，如果聽得見裡面說話的聲音，也得到主人的回應，就可以入內；如果聽不見室內說話的聲音，表示他們低聲談話的內容，並不希望外人聽到，因此不宜入內打擾。要進入內室之時，眼睛必須往下看，避免看到不該看的事。

雖然這是拜訪人的進門須知，不過同樣的道理也應該適用在自家人由外返家時的入門守則。因為這些規則的提出，都為了體貼屋裡屋外的人，以免由外闖進來的人唐突冒犯，所以「上堂揚聲」的原則不但不應該限制為不同家的人之出入門戶須知，而且還應將其視為自家人出入門戶的重要準則。我們只要回想一下孟子本來想要休妻的原因，就可以理解上面的進門須知不但可以推廣到自家人進入自家家門的規矩，還應該進而推到進入房間的禮節。

當初孟子之所以氣沖沖地想要休妻，就是孟子突然由外面毫無預警地撞進房內，結果看到妻子的坐相違禮，因此一氣之下就想要休妻。幸好孟母仔細詢問孟子想要休妻的原因，更問清當時的實際狀況，才免除了一樁家庭悲劇。孟母告訴孟子，由外入內時，孟子並沒有先以高聲示意，既入內室之後，又沒有遵守「視必下」的規矩，可見是孟子違禮在先，因而不能怒責妻子在後。

固然明理的孟母解除了孟子的婚姻危機，然而從這件事也可說明即使是自家人，該守的禮也不可失，否則雙方一時衝動，就可能造成極大的不良後果。因為禮的功能，本來就有增加彼此安全距離的防護作用！一旦逾越應守的安全距離，就難免要有摩擦碰撞的危險了。

當然上述的登門入室之禮，是古代沒有社區警衛，也沒有電鈴、對講機等設施的生活須知。不過這些生活須知放在現代自家人的相處規則中，卻仍然可以適用；不但可以適用，而且還應該被重視且付諸實行，以免造成無意中侵犯家人隱私權的問題，而導致家人相處不愉快。尤其在標榜個人自主權的現代社會中，更要避免在不恰當的時間點誤闖子女的「私人空間」，而造成父母與子女間不必要的緊張關係。

敖不可長①，欲不可從②，志不可滿，樂不可極③。

——〈曲禮上〉

註釋

①敖不可長：敖，通「傲」，傲慢的意思。長，生長、滋長的意思。
②欲不可從：不可一味地順從慾望的驅使，也就是不可放縱慾望的滋長。
③樂不可「極」：極盡。

人生的禁忌

人生，說它長，也不怎麼長，只有區區數十寒暑，和人類生活的歷史比較起來，實在是小巫見大巫；和整個大自然的存在比較起來，那就更不算什麼了！不過，話說回來，幾十年的時間，如果真的有心要做些事，也的確可以做不少事了！尤其，人這種動物，不但喜歡嚮往自由，更喜歡表現自己的自由；可是，偏偏常常因為「表現」的方式不恰當，而做出很多損人卻未必利己的事，搞得人活得很不自在，也感覺不愉快。所以，朝長遠的方向想想，在人生的旅途中，如果能多多注意所「宜」所「忌」的事項，那麼，在決定要做什麼事、該做什麼事的時候，不但可以更自由，而且做出來的效果還可以更好。

仔細想來，人的一生中，所「宜」所「忌」的事實在相當多，說也說不清、數也數不完，尤其是牽涉到人的個別差異，問題就更多、更複雜了！不過，「不可以起傲慢的念頭，不可以放縱慾望的滋長，不可自滿於求善的志向，不可極盡地從事享樂的行為」，卻又可以算是普天之下每個人一生的禁忌。

我們常說「驕兵必敗」，因為一旦起了驕傲的心，連帶地就會輕忽周遭的一切，而發生怠慢處事的現象，那麼，在最講求精準時效的戰爭場合中，自然就要吃敗仗了！在人生這個競賽場上也是如此；一旦起了傲慢的念頭，即使他原來能力多強，也會因為缺乏外界的支援和砥礪而兵敗如山倒，所以說「傲不可長」。

人的慾望，多如牛毛，如果不知道節制的話，就會老是站在這山看著那一山高，時時有新的慾望，還拼命地運用各種手段設法達成目的，於是紛爭、傾軋、惡亂就會接踵而來，社會也就永無安寧之日了，所以說「欲不可從」。即使夸父追日並沒有貽害後人，然而不知自我節制的結果，卻註定要賠上一生的。

志向，是我們行動的總指標，一旦我們覺得滿足了，就會停止往前邁進的趨力。可是，我們都承受了前人辛苦耕耘的成果，所以我們也有責任辛勤地耕種，因為這個社會還有很多該做的事等待我們去完成的，所以說「志不可滿」。

享樂，不是罪惡；是人人都會，也是人人都想的。然而一旦耽於享樂而無法自拔，往往就會樂極生悲而大禍臨頭了，所以享樂的事要適可而止，因此說「樂不可極」。

能隨時提醒自己不去干犯這些人生禁忌，就能使自己更容易養成謙虛、節制、奮勉、惜福的美好德性，也更可以在這數十年中，好好地做一些人該做的事。

人一能之，己百之①；人十能之，己千之。果能此道②矣，雖愚必明③，雖柔必強④。

——〈中庸〉

註釋

①人一能之，己百之：有的人學一遍就會了的，我奮發圖強學它一百遍，也可以學會了。
②果能此道：果眞能夠這樣努力不懈地學習。
③雖愚必明：雖然原本是個愚笨的人，也會變聰明了。
④雖柔必強：雖然原本是個柔弱的人，也會變堅強了。

改變自己的方法

多多學習，是改變自己，使自己變聰明的重要方法。俗話說得好：「活到老，學到老！」那麼，走在這一條無止盡的學習之路上，雖然天天學、時時學，但是到底怎樣才是有效的學習呢？怎樣才能改變自己呢？

要做到有效的學習，首先要廣泛地學習，一旦碰到疑難的問題，還要詳盡地問清楚，瞭解之後還要仔細地思考，思考之後還要明白地分析辨別，分辨清楚之後，就要選擇該做的，然後切實執行了。在這個學習過程中，還要確定一種心態：如果不學，那就算了，既然已經學習了而還是沒有學會，不可以放棄！如果不問，那就算了，既然已經問了而還是不瞭解，不可以放棄！如果不思考，那就算了，既然已經思考了而還是沒有心得，不可以放棄！如果不辨析，那就算了，既然已經辨析了而還是不明白，不可以放棄！如果不做，那就算了，既然已經去做了而還是沒有做好，不可以放棄！對於別人學一遍就能學會的，我可以學它一百遍；對於別人十遍才能學會的，我可以學它一千遍。如果真的能用這種辦法認真地去學習，那麼就算是一個很愚笨的人，也一定會變得聰明多了；雖然是一個很軟弱的人，也一定會變得剛強起來的。

我們常常都會抱怨自己學習的效果不夠好，但是卻很少人能針對自己不如人的事實，來個徹底檢討而多次學習。心中只是積滿了怨氣與不服，即使坐在書桌前、攤開書本，腦海底浮現的，總是「為什麼別人考得好，我老是考不好」的雜念，一旦沒有辦法定下心來，即使坐得再久，也是徒勞無功的。如果能老老實實地承認人本來就有個別差異，學習本來就有快速與緩慢的不同，就能心平氣和而不再躁動難安了。能保持平靜的情緒從事學習，學習才有效果可言。

能在平靜的心態下，遵循上述的歷程認真地學習，發揮「勤」的功夫，一次又一次地、不厭其煩地加強練習、反覆學習，不斷地思考、改進學習的缺失，不怕苦、不怕累，別人學一次就會的，自己雖然學得緩慢，但是如能切實地學它一百遍，當然也能變得聰明了。其實，我們不是學不會，而是往往「聰明地」不願意花「笨功夫」，所以很多應該會的，當然也學不好了！假如一個人真的肯花上百倍的工夫去做別人所做的同一件事，那麼他的精神、毅力和耐力都是超人一等的，以這種態度和習慣去從事學習，想要失敗還有點困難呢！

誠於中，形於外；故君子必愼其獨①也。曾子曰：「十目所視，十手所指，其嚴乎②！」富潤③屋，德潤身，心廣體胖④。故君子必誠其意。

——〈大學〉

註釋

①愼其獨：當自己獨處的時候，也要戒愼恐懼、謹愼而不敢隨便。
②其嚴乎：形容受到十目所視、十手所指，成爲衆所注目的焦點所在，是一件非常令人敬畏的事。
③潤：裝飾、潤澤。
④心廣體胖：因爲內心坦然自在，所以身體自然十分安寧舒泰。

無益的自欺

我們常常會聽到某人對某人說：「你少來了，少在那邊自欺欺人了！誰不曉得你做了些什麼！」說這些話的人雖然沒有親眼看到對方確實做了某事，可是他卻有十足的把握這麼說，而且也很少出錯。為什麼？答案很簡單，因為很多時候自欺是沒有用的，它早已寫在臉上、表現在行為舉止上，告訴別人「我在騙人」了。這也就是「誠於中，形於外」的道理，只要一個人的內心一直在專注著什麼、認真地在把握什麼，一定會很自然地表露在外表，根本是掩飾不了的。所以一個君子當他獨處的時候，雖然一切的意念活動，別人實在很不可能知道，可是他也絕對不會掉以輕心，他還是小心翼翼地，惟恐會有不好的念頭出現。

曾子曾經這麼說：「隨時想像著有十隻眼睛在注視著你，有十隻手在指著你，這樣的監視該是夠嚴了吧！」別以為自己做什麼不但別人不曉得，而且還是神不知鬼不覺的，其實，事情常常不是這樣的！往往自認為很周密的，不會被揭穿的事，還是有東窗事發的一天！所以曾子才會這麼勸人家，只要想像著隨時都有人在看著你，那麼一些不好的意念就不會浮現了。

在正常的情況下，有財富的人，自然會用金錢來裝飾自己的房屋；有品德的人，自然也會用道德來潤澤自己的言行。一個人如果內心充實而寬廣，身體自然也會安泰而舒適，所以君子一定會認真而切實地把握自己內心的意念活動，務必使自己達到真實無妄的地步。

別以為自己暗地裡做的壞事沒人知道，認為只要在別人面前擺出一副事不關己的樣子，故意裝模作樣地表現出很善良、受委屈的弱者姿態，就好像自己真的沒使壞似的。其實在明眼人看來，就好像能看透你的肺和肝一樣地清楚，矯揉造作、故作姿態又有什麼用呢？所以，少做一些自欺欺人的事吧！還是乖乖地、老老實實地從純正自己的意念做起吧！尤其要養成當自己獨居無人的時候，仍要清清楚楚地檢查自己心底浮起的意念，一有邪思惡念出現，就務必要立刻切實排除，否則一旦這個心中賊坐大了，想要剷除就難上加難了！唯有從小地方就養成不自欺的習慣，不縱容自己的小小壞念頭，才不會有惡言惡行糾纏上身！

儒有席上之珍①以待聘，夙夜強學②以待問，懷忠信以待舉，力行③以待取，其自立有如此者。

——〈儒行〉

註釋

①席上之珍：形容儒者像是筵席上的珍寶一樣珍貴。

②夙夜強學：早晚都在用功地研究學問。

③力行：努力不倦。

繫好穩固的根

儒者雖然有各種類型，各自擁有不同的喜好和性格，但是他們同樣地都具有跟一般人相異的地方，就是他們都具有高尚的品德和行為，從他們這些不同的行為特質中，都可以提供大家模仿學習的對象，不但可以用來砥礪品格修養，更可以藉此來端正社會風氣。

首先，我們從儒者如何尋求自我建樹、自我培養，以成為有用的人才來說：有一種儒者，總是在道德修養和學問方面努力地充實自己，使自己的光輝發越照人，就像是席位上的珍寶一樣，隨時等待聖明的君王聘請延用。他們平日都是從早到晚地勤奮向學，廣泛地求取學問，以等待別人的詢問。他們總是胸懷忠信的原則以待人處事，更以此為自己行為操守的準則，恭敬地等待別人的推舉；並且總是努力實踐自己的理想人格模式，以等待別人的進用。

一個人最重要、也是最根本的，就在於必須擁有能夠立足於世上的本錢。按照類別來說，一個人必須儲備的本錢、必須自我充實的能力，又可區分為三大類，它們分別是廣博的學問、優良的品德和徹底行事的習慣，能夠兼備這三方面的才能，不但能夠使自己立於不墜之地，而且還能夠貢獻自己的所長而造福社會大眾。

要想擁有廣博的學問，雖然說活讀書是很重要的，但是在此之外，「勤」的工夫更是關鍵所在。一個人不但要勤讀天下書，而且要通貫其中的道理，如此才能求得真正的學問，可以更精準地判斷是非、解決問題，足以供人詢問。雖然勤奮向學，有時候不免覺得那是一件苦差事，但是，只要換個角度想想，求學致知不但可以使人明理，還可以用來解決困惑，有時還會覺得趣味盎然，所以雖然是辛苦一點，卻也是值得安慰的了。

培養優良的品德，無疑的是做人最重要的事。雖然品德所包含的範圍很廣，但是能忠信無妄、誠實不欺，其他的德性也就所差不遠了！

要養成徹底行事的習慣，因為它是決定事情成敗的關鍵因素。任何事情如果徒有良法美意，而不能切實執行，終歸是夢幻泡影、無濟於事的。說得太多、做得太少，常常是年輕人的家常便飯，如果我們能把說好聽話、漂亮話的時間拿來做事，我們將可以發現自己做事還頗有效率的。

能自立、務本，就是樹立自我獨立風格的重要指標。

儒有合志同方①，營道同術②；久不相見，聞流言不信；其行本方立義③，同而進，不同而退。其交友有如此者。

——〈儒行〉

註釋

①合志同方：志趣相合、目標相同。

②營道同術：從事於道德的修養，所採取的途徑相同。

③本方立義：行爲舉止，必須以方正的原則爲依據，更必須以正義爲立場。

志同道合以義為友

在人生的旅途中，朋友佔有相當重要的地位，對於個人一生的成敗更具有相當大的影響力，所以自古以來，如何交友的問題，始終是人生中的重要課題。從儒者和朋友的交往，我們可以看到他們堅持的原則：

儒者對於朋友的交往，不但必須是志趣相投、目標相同的，而且彼此對於從事於品格修養所採取的途徑也是相同的。當彼此的地位相當時，會因為彼此的志同道合而感到快樂；如果彼此的地位有高下的差異時，也不會因而輕視朋友；即使很久的時間不曾見面，但是由於彼此的瞭解很深，所以即使聽到一些不利於朋友的謠言，也不會加以採信。他們一旦有所行動，都是以方正的原則為依據，並且以合乎道義的立場為宗旨的。如果彼此是志同道合的話，才做進一步的交往；如果志不同道不合，就打退堂鼓而不相往來。

朋友相交，貴相知心。一旦能瞭解彼此都是志同道合的朋友，所有的行事舉動都以道義為衡量的標準，那麼，即使有流言入耳，也不會懷疑朋友的。同時，因為「道」和「義」，都是具有穩定性的，一旦一個人能抱定以它為立身處世的準則，而且能在實際生活中切實實踐，那麼，他的行為舉止也將是持續性地與道義相合的。所以即使朋友很久未曾見面，也可以很容易地判定流言的真假。

年輕的朋友在結交朋友的時候，更必須仔細選擇交往的對象，慎重挑選適合自己成長的群體，不是好玩、快樂就好。因為「習以為常」是人類生活的「慣性」，如果常常出入聲色娛樂場所，在耳濡目染之下，搞不好，還不自覺地認為只有「鮑魚之室」才能發出「奇香」、普天之下只有「墨色世界」呢！

所以，交朋友時，不但要睜亮雙眼，並且要打開智慧的心眼，不要昧於眼前的近利，更不要貪於吃喝玩樂的快感，因為真正的君子之交，總是淡如水的！它沒有濃郁的口味，也沒有奇特的香氣，它只是最平淡、平實的、不加味的「原味」，它總是還給萬物一個真實的面目，讓每個人忠實地呈現自己本來的面目罷了！所以，真正的朋友，是在你得意忘形時，會還給你「一個真實的面目」；在你即將違背道義時，會凸顯「道義的真實面目」給你看的人！

子路曰：「傷哉貧也！生無以為養，死無以為禮也。」孔子曰：「啜菽飲水①，盡其歡②，斯之謂孝。斂首足形，還葬而無槨③，稱其財④，斯之謂禮。」

——〈檀弓下〉

註釋

①啜菽飲水：吃豆子或雜糧熬成的粥充饑，喝些清水解渴。
②盡其歡：使父母能在精神上獲得愉快滿足。
③「還葬」而無槨：大斂之後，無法停殯而隨即下葬。
④稱其財：稱合自己的財力範圍。

貧和孝沒有絕對關係

有一次，率直的子路向孔子大大地感嘆：貧窮的人真是可憐啊！不但父母在世的時候，沒有辦法好好地奉養，等到父母去世了，還是沒有辦法合乎禮制規定地為父母辦理喪事！

孔子認為話不是這麼說的，因為一個貧窮的人家，當父母在世的時候，或許只能吃點用豆子或雜糧煮成的稀飯充饑，也或許只能喝些清水來解渴，不過，如果做子女的能使父母感覺精神愉快，這就可以說是盡孝了！當父母去世的時候，或許僅有足夠的衣物，把親人從頭到腳剛好遮蓋斂藏起來，可能也無法停殯，而必須隨時就下葬，而且連外槨也沒辦法準備。不過，這也沒什麼關係，因為做子女的已經竭盡自己的財力、物力去做了。能夠這樣，也足夠稱為合禮的了！

我們常常錯誤地以為：人一窮，什麼事都不能做；就算勉強做了，也沒有辦法做好；簡單地說，就是人窮、萬事哀的意思。在這種錯誤的認知下，當然認為

「啜菽飲水」是非常可憐，也不是奉養父母的孝道。但是，事情未必全都如此。因為造成一個人貧窮的原因很多，有時候當然是錯在自己懶惰、不上進；有時候卻是因為家裡人口眾多，導致入不敷出；有時候卻又是因為天災人禍等不可抗力的影響。假如的確是因為一些不可抗拒的外來原因而貧窮，那麼，為人父母的，又哪會和孩子計較吃什麼、喝什麼？只要孩子認真、聽話、有孝心，吃什麼都是甘甜可口的！錦衣玉食又算什麼？

至於為父母辦理喪事，就算是財力十分豐足的，也不可以鋪張奢侈，而要能合乎禮制；假如經濟困難的，那就更要合乎自己的財力，而不必打腫臉充胖子！因為喪禮最重要的，在於心中具有那分悲傷之情；葬禮最重要的，在於能表達子女愛親之意。因此，倘若能有哀戚的感情，又能夠簡單地斂藏親人的屍體，有薄棺可用，不使親人暴屍在外，也可以算是盡到人子之禮了。

禮制雖然具有一些有形的明文規定，然而並也不是一成不變的，尤其禮的精神中，非常注重「從權」和「合稱」的觀念，就是要求能權衡輕重、合稱財力的意思。所以，奉養父母是不是盡孝、葬親是不是合禮，重在心意是不是誠敬，心情是不是哀傷，而不在於銀子花費了多少，畢竟貧富與盡孝之間沒有絕對關係。能有真誠的孝心，也能在日常生活中付諸實踐，豆粥清水都是香甜可口的。

曾子曰：「孝有三：大孝尊親，其次弗辱，其下能養。」公明儀問於曾子曰：「夫子可以爲孝乎？」曾子曰：「是何言與①！是何言與！君子之所謂孝者：先意、承志②，諭③父母於道。參，直④養也，安能爲孝乎？」

——〈祭義〉

註釋

①是何言與：這是怎麼說呢！這裡指推辭不敢當的意思。

②先意承志：在父母還沒有想到以前，就已經先行準備妥當各種事物；做事能秉承父母的心意而行，還會努力達成父母未完成的心願。

③諭：曉諭。此處指能以不著痕跡的方式，引導父母走向正確的人生之道。

④直：只是。此爲曾參謙稱自己只是盡心奉養父母罷了，還稱不上是孝。

孝的層次

曾子把「孝」區分為三個等級：第一等的孝，是有大功大德，能造福人群，不但自己受人崇敬，進而也使父母之名顯揚於後世的。第二等的，是自己立足於社會之中，始終戰戰兢兢地注意自己的品德，一生當中，沒有任何可以讓人指責批評的地方，也沒有使父母覺得羞辱的污名。最後的一等，那就是做到盡心奉養父母罷了。

公明儀聽了老師的說法，於是認為像曾子這樣，就應該是孝了。

曾子連忙謙虛地表示自己還稱不上是孝。因為在有德的君子心目中的孝，應該是在父母還沒有想到做什麼之前，就已經先為父母準備好一切可能用到的事物。不但能先行準備，而且還能做到完全秉承父母的心意行事，甚至於會盡力完成父母未完成的心願。更難得的，就是還能不著痕跡地引導父母趨向正確的人生大道。至於像他自己，充其量，只能算是盡心奉養而已，還不能稱得上是孝！

曾子是中國歷史上有名的孝子，難怪他對孝道的闡釋特別周到，在一般人所認為的「孝，就是盡心奉養」之上，不但擴充了孝道的範圍，而且還把孝提昇到更高的層次與境界。曾子認為無論是積極的尊親，或是消極的弗辱，都將孝的範圍與層次擴大到社會整體的脈動之中，更可以落實人為社會之一份子的觀念，曉得個人的每一作為，都會影響到家族的榮辱，也會關係到群體的安危。因此，倘若能擴張孝道的精神，那麼，不但對自己和家人都有益，而且對於家族的名譽以及社會國家的發展都有好處。

其實，要是能做到盡心奉養父母的話，雖然不能算是大孝，也已經算是不錯的了。可不是嗎？現在社會上有那麼多獨居老人，他們之中，很多都是有兒有女的，而且其中還不乏頗有成就的呢！結果竟然連最起碼的照顧父母都沒做到！連對待自己親生的父母尚且如此，這就難怪社會上要人情淡薄而充滿暴戾之氣了！因為孝道是否發揚，和社會風氣的良窳絕對具有非常密切的正相關的。

另外，我們常常把「孝」和「順」連稱，總覺得順從父母就是孝的表現，一般的情況下當然如此，不過碰上父母有所陷溺或不明事理的時候，就不能一味地順從了，所以說，應該設法使父母返回正道才能算是真正的「盡」孝。顯而易見的就是禮家不以世子申生為孝子，因為他的「恭順」只成就了「愚行」，而且使晉獻公還永遠背負著昏君惡父之罪名。

禮以道其志①，樂以和其聲②，政以一其行③，刑以防其姦④。禮、樂、刑、政，其極一也⑤，所以同民心而出治道也。

——〈樂記〉

註釋

①禮以道其志：道，通「導」。用禮的規範引導人的心志，使不發生偏差。
②樂以和其聲：用音樂的平和感來調節人的聲音，使性情不致流於暴戾。
③政以一其行：用政策的一貫來規畫人的生活型態，使行爲不致流於乖張。
④刑以防其姦：用刑罰的制裁來防止作姦犯科，使作爲不致流於邪惡不正。
⑤其極一也：禮樂刑政的最終目標，都是一致的。

另一種「四維」

人心本來是寂然不動的，因為受到外界的刺激而產生各種不同的感應，所以古代的聖王對於一些足以感人的事物，都要特別小心謹慎地處理。所以必須用禮的規範來開導人的心志，使人的思想觀念不會發生偏差；用音樂的平和感來調節人的聲音，使人的性情不致流於暴戾；用政策的一貫來規畫人的生活型態，使人的行為意識不致流於乖張失誤；用刑罰的制裁來防止人的作姦犯科，使人的舉止作為不致流於邪惡偏私。所以，禮、樂、刑、政，雖然方法與形式各有不同，但是它們的終極目標卻是一致的，都在於使民心的歸向相同，而得以顯現理想的政治型態。

心，受到外界事物的影響，於是產生「情」的反應；而「情」的表現，最明顯的方式，則莫過於聲音的變化；而聲音的高低快慢、強弱大小，就形成了音樂；音樂又回過來影響人心。所以音樂和人生的關係十分密切。音樂不但能疏導人的感情，使人獲得情緒上的滿足，產生愉快的感覺，調和的旋律還可以陶治人的性情，培養優雅的情操，使人性回歸於平正與良善，因此具有教化人心的作用。

相對於音樂，禮治的精神就是由外而內的。也就是透過種種禮制的規定，而顯示個人應該遵守的標準與規律，使人於遵禮行儀之間，由於外在的儀節動作而引發內在心性的認知，並且由於認知而明瞭禮義的道理。久而久之，就因為禮義深入人心，而達到教化人心的結果。

所以古人曾經說：禮樂和我們的關係實在太密切了，絕不可以有片刻間的隔離。因為音樂的最高境界，可以使人的情性意念達到平和愉悅的狀態；禮的最高境界，可以使人的事理行為達到合理順暢的效果。所以，如果真正懂得禮樂的道理，而且能善加運用，並推廣於天下，天下也就不會再有什麼難以處理的事了。

雖然禮樂已足以使一個人從內、外在兼治的方式，調理情性和行為，但是想要達到普遍化成天下的結果，就必須借助消極的刑罰制裁與積極的政策推動的力量來幫忙了。能使四者兼併使用，就可以快速而有效地實現理想的政治型態。

「禮、義、廉、恥」號稱國之四維，是大家耳熟能詳的，它指的是國人應該擁有的四種德性涵養。「禮、樂、刑、政」則是另一種四維，它是推動政治理想化的四大綱維。

禮不下庶人①，刑不上大夫。

——〈曲禮上〉

註釋

①庶人：平民。

有禮無禮說清楚

「禮不下庶人，刑不上大夫。」是一句常常被引用的話，而且還經常被不懷好意地述說著，認為對庶人不必講禮，凡事都以刑罰伺候就對了，對於大夫以上，則無論闖下了什麼禍，刑罰也不會加到他身上。類似這種下意識的想法，是否果真合乎這句話的原意，實在有必要說清楚、講明白。

古代的社會，的確區分為貴族以及庶人的兩大生活圈。士以上的階層屬於貴族，是統治者的身分，至於庶人則為平民的被統治者階級。制禮的基本對象，乃以最基層貴族的「士」為標準，要求達到一定的禮數規格。因此《儀禮》所包含的各種禮儀活動，大體上都屬於「士」這一階層的人所遵行的禮儀活動，只有小部分的篇章屬於大夫以上的禮儀活動。

「禮不下庶人」的原因，其實是考慮庶人階級平時都忙於農事活動，沒有足夠的時間與能力準備各種禮儀所需的用品，因此並不硬性規定必須達到禮數的要求，而是按照自家的能力，比照士禮的內容而權宜降等舉行。

最明顯的例子，就是從大司徒所推動的「十二教」工作，可以得知庶人的生活中，自有屬於庶人生活的「禮」。因為大司徒所負責的正是地方教育，而他的主要工作內容，就是推動「十二教」的實施。所謂「十二教」的內容，就是以祀禮教敬、以陽禮教讓、以陰禮教親、以樂禮教和、以儀辨等、以俗教安、以刑教中、以誓教恤、以度教節、以世事教能、以賢制爵、以庸制祿。

姑且不去詳細探究「十二教」中每一教的實施細目，單單只看最前面的四項施教內容，就是最重要的立本之教，其施教的內容，不是別的，而根本就是祀禮、陽禮、陰禮以及樂禮。換句話說，並非庶人就不講「禮」，「禮」只是貴族階級的專利品；庶人的生活中，仍然講求合乎禮的生活，可見「禮不下庶人」的意思，並不如一般下意識所說的偏頗。

相對於「禮不下庶人」，「刑不上大夫」就更不是貴族中特權階級的護身符，也不是官場中官官相護的醜陋文化現象。

所謂「刑不上大夫」的意思，只是說大夫以上的人犯法，可以不依常刑判罪，而要考察其平常的政績以及對社會國家的貢獻，盡量尋求可以寬赦減刑之途徑。例如《周禮》〈秋官〉中的小司寇，即掌有「八辟之議」的職責，對於親、故、賢、能、功、貴、勤、賓等八種人之觸犯法網，要特別加以審議是否可以寬宥。倘若罪在不赦，即使貴為王族公侯，亦不可徇私舞弊，只是不加縲絏枷鎖等桎梏刑具，也不在市朝行刑，以保留其顏面。

古代貴族要由「士」這一階級晉升至「大夫」的地位，相當不容易；一旦升上大夫後，能獲得一些優惠條件，正是為獎勵士以上者努力講求志氣節操之重要。畢竟人才的養成不易，「刑不上大夫」雖然特別為大夫以上階級的人考慮如何保留顏面，但是並非免除其刑。

「禮」與「刑」是實際社會生活中必須同時存在的重要雙軌，雖然針對不同的對象而設計，「禮」與「刑」在施用之時還可以有技術上的差別，然而在本質上，卻可一體通行於貴賤之間。

禹、湯、文、武、成王、周公，此六君子者，未有不謹於禮者也。以著其義①，以考其信②，著有過③，刑仁講讓④，示民有常⑤。如有不由此者，在勢者去，眾以爲殃⑥，是謂小康。

——〈禮運〉

註釋

①以著其義：著，音ㄓㄨˋ，使人民明白是非的標準。
②以考其信：使人民養成誠信篤實的性格。
③著有過：明確指出人民所犯的過失和罪惡。
④刑仁講讓：刑，通「型」。標榜仁愛的典範，樹立講求禮讓的風氣。
⑤示民有常：明白顯示人民生活應有的常態。
⑥衆以為殃：群衆都把他當做是禍害看待。

可能的理想國

時代的巨輪，總是不斷地向前運轉而無法逆轉，儘管時光無法重來，逝去的也無法追回，但是，從輪軸輾過的軌跡，我們卻可以清楚地觀測它對於周遭人事物的影響，同時更可以做為今後操作方向盤時的重要參考依據。因此，孔子雖然認為古代那種選賢與能、講信修睦、大道盛行、天下為公的理想政治型態已經成為過去，謀閉不興、盜賊不作、外戶而不閉的狀況也無法重來，但是追求建設一個國泰民安的社會，卻仍然還是可能的理想。

自從三代以來，那種理想而完美的太平政治，已經成了過去，天下已經成為一家一姓的天下了。在這種狀況下，就需要特別強調禮義的精神，講求以禮義來制定紀律，並且用紀律來確定君臣的名分、篤厚父子的親情、親和兄弟的友愛、調和夫婦的感情；並且還要以禮義來規畫各種社會制度，尊重有勇力和智慧，而又能為保護私有財產而盡心盡力的人。在這段時期裡，夏禹、商湯、周文王、周武王、周成王和周公，就是採用這種方式來治理天下，而表現最為傑出的人物。

這六位政治領導人，沒有一位不是小心翼翼地遵守禮制來治國的。根據禮制的原則，來教導人民對於仁、義、禮、智、信五種德性的體認，使人民瞭解是非的標準，養成人民誠信篤實的性格，明白指出人民所犯的過失和罪惡，標榜仁愛的典型，樹立禮讓的風氣，以昭示人民生活應有的常態。如果有違反上述原則的行為，即使是有權有勢的，也要把他趕走，因為大家都會把這種人當作禍害。這種治國的方式雖然不是最理想而完美的狀態，不過它仍然可以造就一個國泰民安的「小康」社會。

當社會人心都變得普遍複雜以後，只依靠抽象的道德觀念，已不足以維繫社會秩序，而必須在道德之外，再加上具有約束力的禮制規範，才能收到群起仿效的結果。所以，無論是政治體制、君位繼承、財產制度、人倫關係等各種社會制度，都必須依照禮制的規畫去推動與執行。唯有能從現實的環境中謀求改進的方法，實事求是，不好高騖遠，才能建設一個有理序的社會，締造一個可能的理想國。

國家圖書館出版品預行編目資料

陌生的好友：禮記／林素英著.--初版. -- 臺北市：萬卷樓，2007.08 面；　　公分 ISBN 978-957-739-599-3(平裝) 1. 禮記　2. 通俗作品 531.2　　96013720

陌生的好友
—《禮記》

著　　者：林素英
發 行 人：陳滿銘
出 版 者：萬卷樓圖書股份有限公司
臺北市羅斯福路二段41號6樓之3
電話(02)23216565 · 23952992
傳真(02)23944113
劃撥帳號 15624015
出版登記證：新聞局局版臺業字第5655號
網　　址：http://www.wanjuan.com.tw
E - mail：wanjuan@tpts5.seed.net.tw
承印廠商：中茂分色製版印刷事業股份有限公司
定　　價：280元
出版日期：2007年7月初版

ISBN 978-957-739-599-3